LA
SYRIE ET LA PALESTINE.

Paris. — Imprimerie de POMMERET et MOREAU, 17, quai des Augustins.

LA SYRIE ET LA PALESTINE

EXAMEN CRITIQUE

DE L'OUVRAGE DE M. VAN DE VELDE.

PAR

M. F. DE SAULCY,

Membre de l'Institut.

PARIS,

JUST ROUVIER, LIBRAIRE,

Éditeur de la Revue de l'Orient et de l'Algérie,

20, RUE DE L'ÉCOLE-DE-MÉDECINE.

1855

LA SYRIE ET LA PALESTINE.

Avant d'entamer l'examen du livre de M. le chevalier Van de Velde, il ne sera pas hors de propos, je pense, de mettre, le plus brièvement possible, le lecteur au courant des relations qui ont existé jusqu'à ce jour entre M. Van de Velde et moi. C'est la seule vengeance que je veuille tirer des inqualifiables procédés de ce jeune voyageur. Qu'on ne s'attende donc pas de ma part à des commentaires passionnés, à des récriminations, à des attaques personnelles ; tout cela constitue un arsenal dont je ne veux faire usage contre personne. Autant naguère j'ai pu me montrer vif dans la polémique, autant je suis inébranlablement résolu à me montrer désormais froid et sérieux. Tant pis pour qui a tout à craindre de l'exposé sincère et loyal des faits.

A la fin du mois d'avril 1851, je rentrais à Paris, après avoir accompli un voyage pénible et dangereux en Syrie, en Judée et en Arabie-Petrée. Heureux d'avoir recueilli, chemin faisant, une assez ample moisson de faits nouveaux, d'avoir, grâce à la protection marquée de la Providence, échappé à tous les périls, à toutes les fatigues, je m'empressai de mettre en ordre les petits trésors de toute nature, que j'avais péniblement conquis. Quelques mois plus tard je lisais, devant l'Académie des inscriptions et belles-lettres, un mémoire sur le monument connu de tout temps à Jérusalem sous le nom de *Tombeau des rois*. Ce fut le signal d'une guerre ardente qui me fut déclarée, et dont le but évident était, d'une part, de réduire à néant les résultats de mon voyage, de l'autre, de me faire passer aux yeux du monde savant pour un homme d'imagination, dont les

[1] SYRIA AND PALESTINE, in 1851 and 1852, par C. W. M. VAN DE VELDE. *Late lieutenant dutch R. N. chevalier of the Legio of Honour* Edinburgh and London, 1854. 2 vol. in-8, avec planches.

érudits n'avaient pas à s'occuper, et qui, par sa légèreté et son ignorance, ne méritait pas qu'on prît au sérieux ce qu'il ne publiait qu'au prix de tant de peines de toute nature. Un étranger assistait à l'une des séances académiques dans lesquelles ma lecture fut répartie, c'était M. Van de Velde, qui, bien que fort jeune encore, avait déjà renoncé depuis plusieurs années à son grade de lieutenant de marine, afin d'embrasser avec ardeur la carrière de prédicateur missionnaire. M. Van de Velde, qui, depuis très-peu de temps, avait conçu le louable projet de parcourir la Terre-Sainte, afin de s'y livrer à des recherches relatives à la géographie biblique, pria mon confrère, M. Jomard, de le mettre en relation avec moi. M. Van de Velde me fut présenté séance tenante, et dès le lendemain, je crois, il prenait place à ma table. Heureux de rencontrer un homme d'intelligence, prêt à partir pour le pays que je venais de parcourir, et capable, du moins je le pensais, de constater les faits dont on me niait obstinément la possibilité, j'accueillis M. Van de Velde comme on accueille un ami ; je fus assez heureux pour le recevoir plusieurs jours de suite, pour mettre à sa disposition des cartes et des papiers qu'il n'eût pu se procurer autrement, et enfin pour lui offrir de prendre le calque de la grande carte rédigée par moi et offrant le tracé de toute la côte occidentale, de la côte sud et de la plus forte moitié de la côte orientale de la mer Morte, avec tout le plateau de la Moabitide. Evidemment la communication de cette carte à qui partait pour la contrôler, était la preuve la plus forte que je pusse donner de ma sincérité, et de la bonne foi avec laquelle les matériaux de cette carte avaient été recueillis par moi. Je déclare avec plaisir que M. Van de Velde se montra profondément reconnaissant de la manière toute fraternelle dont j'agissais envers lui. Peu de jours après il quittait Paris et se dirigeait vers l'Orient.

Pendant bien des mois je n'entendis plus parler de notre voyageur. J'étais sûr de la capacité du jeune ministre de l'Evangile, et comme j'étais non moins sûr de la vérité des faits que j'avais recueillis et que j'étais en train de publier, j'attendais avec une sorte d'impatience le retour de l'homme que j'avais le droit de regarder à l'avance comme un auxiliaire, puisqu'en lui donnant ma carte manuscrite, je l'avais pour ainsi dire conduit par la main sur les points qu'il s'agissait tout simplement de regarder une seule fois, avec l'honnêteté élémentaire d'un voyageur qui sait distinguer des décombres de constructions, de tas de pierres que les torrents ont entraînés.

Au moment où ma publication marchait avec régularité, je reçus de M. Van de Velde, qui était de retour en Hollande, une première lettre assez insignifiante, et dans laquelle ce voyageur me disait fort poliment, mais sans hésiter, que quels que fussent mes arguments à l'appui de mon opinion sur les Tombeaux des rois et sur les villes maudites, cette opinion n'était pas soutenable. Quoique ceci me parût un peu hasardé, je répondis sur-le-champ à M. Van de Velde, pour le prier de suspendre son jugement, jusqu'à lecture des raisons que je pouvais faire valoir. Ce fut alors que je reçus la lettre suivante, que j'ai déjà publiée une fois, mais que je ne puis me dispenser de publier encore :

..... « Quant aux questions sur lesquelles nous différons,
« les Tombeaux des rois et les cinq villes de la vallée de
« Siddim, il me reste peu à répondre. Il est vrai, cher
« monsieur de Saulcy, que *je n'ai pas lu* votre article sur ces
« sujets, mais *ma conviction là-dessus est telle*, que, *quoi que*
« *votre rapport contienne*, il est *impossible* de soutenir votre
« opinion sur les Tombeaux des rois et les villes ruinées.
« Si l'affaire était une *hypothèse* ou une *supposition (sic)*, à
« la bonne heure; il serait évident que l'on *puisse* se
« tromper, mais la correspondance des *textes de la*
« *Bible* avec *mes observations in loco,* ne me laisse plus
« *aucun doute.* Je ne tiens pas une *supposition*, mais une
« *certitude.* Vous dites vous-même, vous soutenez une
« hypothèse; une *examination un peu soignée* de l'Ecriture

« sainte vous convaincra facilement. Quant à Suweïrah et
« Tahtah, c'est précisément *cette ruine* que j'ai visitée,
« *votre carte à la main*. Je regrette de ne pas vous avoir
« dans mon nouveau quartier, je tâcherais de vous y
« mettre à votre aise; il ne vous manquerait pas d'accueil
« cordial et affectionné, et *je me flatte* que je *vous con-*
« *vaincrais* bientôt, et que votre hypothèse sur les *soit-dits*
« Tombeaux des rois, et votre *soit-dite identification* de
« Suweïrah avec Zoar, et de Sodome avec le mont d'Es-
« doum, *s'envoleraient avec une examination plus critique.*
« Croyez-moi, mon cher monsieur de Saulcy, *j'ai examiné*
« minutieusement, et je crois avec moins *d'enthousiasme*, la
« pointe nord du *Djebel-es-Esdom* (*sic*). Mais les pierres
« que vous avez cru être les ruines de Sodome, ne sont
« que des *pierres naturelles*. Du reste la Bible dit positive-
« ment que Zoar était une ville de Moab, comment donc se
« pourrait-il qu'on la cherchât au sud-ouest de la mer
« Morte? Je n'ai encore rien publié de mes recherches;
« mais je me propose de commencer sous peu; ainsi, si
« *vous aimez* que je ne *prononce pas encore mon opinion sur*
« *vos recherches*, je vous prie de ne pas tarder votre publi-
« cation, car je ne pourrais pas attendre très-longtemps;
« et si vous voulez m'envoyer votre publication, je *vous*
« *dirai* franchement et cordialement *mon opinion*, avant de
« la publier. S'il est que je dois vous réfuter, j'aurai,
« *je le sais*, en même temps *beaucoup à louer*. Agréez l'as-
« surance la plus sincère de mon entier dévouement.
« Ch. M. Van de Velde.
« Utrecht, 25 décembre 1852. »

A cette seconde lettre je ne fis aucune réponse, et je doute qu'il se rencontre quelqu'un qui s'en étonne. Je ne pensai donc plus à M. Van de Velde, et je continuai ma publication, que j'eus le bonheur de voir assez favorablement accueillie du public. J'attendais avec une vive impatience l'apparition du livre du jeune Hollandais, lorsque parurent successivement dans le Bulletin de la Société de géographie, trois articles de M. Isambert sur le livre que je venais de publier. C'était une critique d'une malveillance décidée, mais une critique si malencontreusement conçue, que je me réjouis beaucoup plus que je ne me tourmentai de son apparition. Elle ne pouvait néanmoins, quelque pauvre et mal fondée qu'elle fût, rester sans réponse, et la réponse, je la préparai, me réservant de la publier lorsque M. Isambert aurait fini. J'ignorais alors que cette critique me fût adressée de concert avec M. Van de Velde et quelques autres, et je pensais n'avoir affaire qu'à M. Isambert. Je fus bientôt détrompé. Peu de temps après, en effet, le *Galignani's Messenger* (n. du 29 mars 1854) reproduisit un article du *Litterary Gazette de Londres*, article dont je vais donner la traduction, et qui me mit au courant des intentions que quelques personnes nourrissaient à mon endroit. Voici cet article :

Londres. — Association archéologique de la Palestine.

« Un mémoire, communiqué au bureau par le chevalier
« Van de Velde, récemment arrivé de la Palestine, a été lu ;
« il est intitulé : les *Pseudo-découvertes* de M. de Saulcy.
« L'auteur établit qu'au début de son voyage, en octo-
« bre 1854, il avait passé par Paris, et trouvant, à son
« arrivée, que les récits de M. de Saulcy avaient excité une
« vive discussion sur la question de leur exactitude, *il
« lui fit une visite dans le but de lui proposer une vérifica-
« tion de ses découvertes*. Cette offre fut bien reçue ; il ob-
« tint un calque de la carte manuscrite de la mer Morte,
« dressée par M. de Saulcy, les points géographiques en
« *desideratum*, et les *instructions* que M. de Saulcy avait
« reçues de M. Martin de Saint-Vivien (*sic*), qu'il vit aussi.
« En arrivant sur la côte sud de la mer Morte, il com-
« mença son travail de vérification et chercha les quatre
« villes : Sodome, Adamah, Zéboïm et Zoar, Gomorrhe
« ayant été placée par M. de Saulcy cinquante milles plus
« loin, vers le nord-ouest. « Ce que j'ai trouvé dans ce

« district, dit M. Van de Velde, n'est rien moins que des
« ruines. Je le communiquai à M. de Saulcy à mon retour
« de la Terre-Sainte ; mais, comme il y avait lieu de le
« craindre, on a négligé ces communications, et mainte-
« nant le monde *accepte le conte* que ces cinq villes ont été
« trouvées par M. de Saulcy, sans parler d'une kyrielle
« d'autres découvertes de villes bibliques, et pour couron-
« ner le tout, du tombeau véritable des rois de Judah,
« au nord de Jérusalem. De ce tombeau, le voyageur fran-
« çais a tiré un sarcophage qui maintenant est montré avec
« une merveilleuse présomption dans la galerie du Louvre,
« et serait tout simplement le sarcophage véritable du roi
« David lui-même. »

« M. Van de Velde se réfère alors *à l'examen de la ques-*
« *tion, par M. Isambert*, dans le Bulletin de la Société géo-
« graphique de Paris, d'octobre dernier, comme fournis-
« sant une réfutation complète des erreurs de M. de Saulcy,
« au point de vue scientifique, et il annonce la publication
« prochaine de son propre voyage en Palestine, avec une
« carte originale, résultat de ses observations dans le pays.
« Dans cet ouvrage, dit-il, on verra, d'après les vues des
« sites de Sodome et de Zoar, tels qu'ils sont fixés par
« M. de Saulcy, que pour Sodome, sur le site supposé de
« laquelle toute la découverte repose, M. de Saulcy a été
« trompé à la fois par son imagination et par la cupidité
« habile d'un Scheikh ; qu'en fait les ruines supposées sont
« simplement les débris d'une éminence connue sous le
« nom d'Esdoum, et contenant de nombreuses quantités
« de sel, *de même que tant d'autres localités autour du lac*.
« Comme le site de Zoar et des autres villes résulte de ce-
« lui de Sodome, dans la théorie de M. de Saulcy, tous les
« autres sont une fiction comme le premier, et en pleine
« contradiction avec les conclusions les plus positives de
« Robinson, Irby et Mangles, aussi bien que des autres
« voyageurs et certainement de l'Ecriture sainte. Ainsi,
« par exemple, puisque Zoar est, dans la Bible, placée à

« *l'ouest* (*sic*) du lac, dans le pays de Moab, il indique les
« limites de Moab juste au milieu des provinces de Judah
« et de Siméon, afin de fixer le lieu appelé Suweïrah,
« à l'ouest de la mer, comme étant Zoar, que les recher-
« ches d'autres voyageurs ont placée à l'entrée de la val-
« lée de Kerak, sur la rive orientale. De plus en plus en
« erreur, M. de Saulcy place Gomorrhe à plus de 50 milles
« anglais de Sodome ! » Pour ces raisons, M. Van de
« Velde demande à la Société de suspendre sa foi dans les
« prétendues découvertes de M. de Saulcy, et promet de
« publier ses observations personnelles sur les sites sup-
« posés, ainsi que des recherches détaillées et laborieuses
« sur toute la Palestine. »

A l'apparition de cet article, je ne pouvais me dispenser de protester. J'écrivis donc aussitôt une réponse, que j'adressai, avec une lettre personnelle, à M. le docteur John Lee, président de la Société devant laquelle le mémoire de M. Van de Velde avait été porté. Un heureux instinct me fit deviner qu'il serait bon de prendre quelques mesures afin d'assurer la publicité à cette réponse ; elle fut donc insérée dans le *Galignani's Messenger*, et quelques jours plus tard (20 mai 1854), dans l'*Athénœum français*. J'avais fait sagement, car M. le docteur John Lee n'a pas jugé à propos de m'accuser réception de ma lettre, ni même de ma réponse à M. Van de Velde, réponse qui devait être remise directement à la Société archéologique de la Palestine. Je ne me plains pas de ce procédé ; je me contente de le signaler. Comme je veux économiser l'espace, je ne reproduirai pas ici ma réponse *in extenso*, et je me contenterai d'en transcrire quelques passages qu'il est indispensable de rappeler ; les voici :

« — Jusqu'à présent je n'ai à repousser que des asser-
« tions tranchantes, pas un raisonnement n'ayant été
« produit par M. Van de Velde ; mais ce voyageur an-
« nonce la démonstration dans laquelle il a puisé son in-
« croyable assurance. Je l'attendrai donc avec bonheur

« sur le terrain de la discussion, parce que du choc des
« opinions naît la lumière, et, Dieu aidant, la lumière se
« fera.

« — J'avais quatre compagnons de voyage, auxquels
« j'ai fait, pour ainsi dire, toucher du bout du doigt les
« décombres que M. Van de Velde appelle des *pierres na-*
« *turelles*. Nous sommes donc cinq à déclarer unanime-
« ment le contraire de ce que déclare M. Van de Velde,
« et nous nous refusons, de la manière la plus nette et la
« plus formelle, à substituer le jugement de ce voyageur à
« notre propre jugement.

« — M. Van de Velde affirme sans hésiter que *la Bible*
« *dit positivement que Zoar était une ville de Moab*. Je suis
« fâché d'être obligé de déclarer que M. Van de Velde se-
« rait fort embarrassé pour citer le texte biblique qu'il in-
« voque, vu qu'il n'a jamais existé que dans son imagi-
« nation, ce qui ne suffit pas pour lui donner crédit.

« — Je l'ai déjà dit, j'attendrai que M. Van de Velde
« m'ait lu et qu'il ait publié sa réfutation..... Quand cette
« réfutation sera formulée et imprimée, j'aurai alors un ad-
« versaire saisissable, et je me charge d'en faire bonne et
« prompte justice, textes en main, mais avec des textes que
« je n'inventerai pas pour les besoins de ma cause.

« — M. Van de Velde ajoute qu'il s'en rapporte, pour
« l'examen de la question, à M. Isambert, qui..... a com-
« plétement réfuté les erreurs de M. de Saulcy au point
« de vue scientifique..... Comme je m'engage à ne pas
« laisser subsister *une seule* des critiques de M. Isambert,
« si M. Van de Velde s'en réfère à M. Isambert, il sera
« satisfait du même coup, et il apprendra à son tour qu'il ne
« suffit pas de nier les faits pour en démontrer l'inexacti-
« tude.

« — M. Van de Velde termine en demandant à la So-
« ciété de ne pas croire implicitement à mes prétendues
« découvertes. Le mot *implicitement* est curieux ! Mon livre
« est à la disposition de tout le monde. Qu'on en discute

« le contenu, rien de mieux ; mais qu'on nie hardiment,
« sans autre preuve que sa parole, les faits qu'un livre éta-
« blit, en ne négligeant aucune source ni sacrée, ni pro-
« fane, cela dépasse le droit de la critique. Je viens donc à
« mon tour supplier les membres de l'honorable Société
« de me lire, et de ne pas s'en rapporter au jugement que
« M. Van de Velde se permet de porter sur les œuvres d'au-
« trui, sans même prendre la peine de les étudier, *sicut*
« *doctor ex cathedrâ*. Qu'il apprenne pour son compte,
« avant d'avoir une si haute opinion de son mérite, et alors
« seulement ses jugements pourront acquérir quelque
« poids. »

Tout ceci n'était que l'entrée en campagne de mes adversaires connus et inconnus encore.

Le 1er mai 1854, la *Revue des Deux-Mondes* publia un long article critique de M. E. Vinet, sur les deux mêmes sujets, c'est-à-dire sur le Tombeau des rois et sur les villes de la Pentapole. Je n'ai pas à revenir sur cet article, auquel j'ai répondu dans la *Revue contemporaine* (livraison du 15 juin 1854), mais je dois en extraire une nouvelle lettre de M. Van de Velde adressée d'Édimbourg à M. Isambert, et que M. Vinet a eu la malheureuse idée de publier ; la voici :

« Je trouve que l'ouvrage de M. de Saulcy n'est qu'un
« tissu d'erreurs. Je suis peiné de voir que la géographie
« biblique ait été traitée par ce voyageur avec tant de lé-
« gèreté et d'une façon si frivole ; mais ce qui est plus
« grave, ce sont les fables que M. de Saulcy a débitées au
« sujet de la découverte de Sodome. J'avais une copie de
« la carte manuscrite de M. de Saulcy autour de la mer
« Morte, et c'est avec cette carte que j'ai été *sur les lieux*
« *mêmes. J'ai pris pour guide ce même Abou-Daouk*, qui
« avait accompagné M. de Saulcy. Je déclare, avec toute
« *la solennité possible*, qu'on n'aperçoit de ruines d'aucune
« sorte *dans la plaine*, et qu'on n'en voit pas davantage *à*
« *la base* du Djebel-Esdoum (la montagne de sel), du côté

« du nord..... Je ferai voir, dans mon ouvrage, que les er-
« reurs de M. de Saulcy sont le résultat d'une imagination
« inquiète qui se laisse entraîner hors de toute mesure. A
« mon retour de Palestine, l'année dernière, j'écrivis deux
« lettres, l'une à M. de Saulcy, l'autre à M. Quatremère,
« *afin de faire connaître à ce dernier les fautes de* M. de
« Saulcy ; celui-ci, le seul qui m'ait répondu, m'adressa
« une lettre *très-affable*, mais dans laquelle il ne me don-
« nait aucun éclaircissement au sujet des questions que je
« lui avais posées, et il n'en a pas moins continué son
« étrange et fantastique publication. Je regrette de voir
« qu'une grande partie du public ait confiance dans ce
« qu'on lui dit de Sodome et du Tombeau des rois..... »

J'accompagnais alors cette lettre de la simple observation suivante :

« Je n'ai rien à dire sur le contenu de cette lettre, dont
« la publication sera la plus dure punition ; car M. Vinet
« ne pouvait rendre un plus mauvais service à M. Van de
« Velde, que de publier cette pièce de correspondance qui,
« en fait de perfidie, laisse tous les Bédouins du monde à
« cent lieues en arrière de son auteur. »

Aujourd'hui, que j'ai lu attentivement, et la plume à la main, le livre de M. Van de Velde, j'ai quelque chose de plus à en dire. L'auteur de la lettre affirme qu'il a été sur les lieux, ma carte à la main, vérifier l'exactitude de mes assertions, et je prouverai qu'en écrivant cette phrase, M. Van de Velde *savait parfaitement qu'elle était contraire à la vérité*. L'auteur de la lettre dit qu'il a pris le scheikh Abou-Daouk pour guide, et M. Van de Velde, en écrivant cette phrase, *savait parfaitement qu'elle était contraire à la vérité*. Quelle confiance pouvons-nous avoir désormais dans les dires d'un homme qui se donne à lui-même les plus cruels démentis ?

Un mot encore avant d'entrer en matière. D'après tout ce que je viens de raconter, on voit que, sans m'en douter, j'avais affaire à une sorte de triumvirat hostile, composé de

MM. Isambert, Vinet et Van de Velde. J'ai fini avec les deux premiers, Dieu merci! Passons donc au troisième! M. Van de Velde a promis de démontrer que le livre dans lequel j'avais traité la géographie biblique avec légèreté et d'une façon si frivole, n'était qu'un tissu d'erreurs ; nous allons examiner comment il a tenu sa promesse. En retour, je lui ai promis de faire prompte et bonne justice de ce qu'il publierait, pour prouver qu'il avait le droit de parler ainsi : reste à voir maintenant lequel de nous deux aura tenu parole.

Disons-le d'abord, M. Van de Velde a adopté, pour sa narration, la forme épistolaire qui lui a peut-être semblé commode, afin d'éviter d'entrer dans les discussions scientifiques qui sont généralement peu de son goût. J'ai lu avec la plus scrupuleuse attention ses deux volumes, dans lesquels je n'ai trouvé presque constamment que des assertions tranchantes, il est vrai, mais qui ne suffisent pas pour constituer des démonstrations. Il est très-rare que l'auteur se donne la peine de discuter ce qu'il avance ; d'ordinaire la chose lui paraît superflue, et ce qu'il croit, ou du moins ce qu'il dit croire, devient inattaquable à ses yeux. Aussi quand par bonheur je rencontrerai dans le livre de M. Van de Velde des discussions auxquelles je me reconnaîtrai le droit de prendre part, précisément parce que j'aurai visité moi-même les lieux dont il s'agira, j'examinerai de près l'argumentation de l'auteur ; c'est dire que cette fois, comme toujours, je ne me permettrai d'insister que sur ce que j'aurai vu, et que je ne suivrai pas à pas M. Van de Velde, que sur le terrain que nous avons parcouru tous les deux.

Je dois encore prévenir le lecteur qu'il faut du courage pour pousser jusqu'au bout la lecture de ces deux volumes, dans lesquels l'esprit du missionnaire intolérant perce à chaque ligne. Il est triste de voir un homme qui se prétend l'interprète et le propagateur de l'Evangile, répandre à flots le fiel de la pire espèce, le fiel religieux, sur tout ce qui n'est pas chrétien à sa manière. Cela dit, une fois pour toutes, je me garderai bien de relever les injures que M. de Van de Velde prodigue si peu évangéliquement aux romanistes (c'est le nom qu'il donne aux catholiques), car on ne jette tant de boue à la face de son prochain, qu'à la condition de se salir beaucoup. Laissons donc entièrement le côté soi-disant religieux du livre de M. Van de Velde, en nous contentant de souhaiter de tout notre cœur qu'il comprenne mieux un jour ce que c'est que la charité chrétienne.

Pour voyager avec fruit en Orient, il est bon d'avoir une teinture de ce qu'est la vie de l'Orient, et je l'avoue avec regret, M. Van de Velde ne s'en doute pas. Il va jusqu'à prendre les quasi-injures pour des marques de respect, dont il s'empresse de se féliciter. C'est ainsi qu'il raconte (tom. II, p. 57), que le moutsellim de Hébron, qui lui donnait audience, s'étant fait apporter une pipe pour lui-même, l'a fumée d'abord, et la lui a offerte ensuite avec grâce. Notre voyageur l'a reçue non moins cérémonieusement, et la conversation a repris avec une nouvelle courtoisie. M. Van de Velde ignore complétement que cette politesse du moutsellim signifiait littéralement ceci : — Tu es un homme dont je ne me soucie guère ; tu fumeras donc le reste de ma pipe, et si je te fais bonne mine, c'est que tu portes un firman dont je ne me soucie guère plus que de toi ; je vais te faire une grossière insulte devant tout mon entourage qui comprendra à merveille que je te traite comme un petit marchand ambulant, et que j'en ai le droit, puisque tu ne te rebiffes pas. — A la place de M. Van de Velde j'eusse, moi, rejeté la pipe que l'on m'offrait ainsi, et je me fusse immédiatement retiré, pour aller porter plainte à Jérusalem.

M. Van de Velde raconte à dix reprises différentes qu'il a appris à vivre aux moutsellim et aux scheikh qu'il a rencontrés sur son chemin, en leur transmettant, par la bouche de son drogman, les dures vérités qui seules pouvaient leur imposer du respect pour sa personne. M. Van de Velde ne sait pas que tout drogman se garde bien de traduire un seul mot qui diffère d'un compliment bas et servile, parce qu'il se préoccupe fort peu de la dignité du voyageur qu'il n'accompagnera que pendant quelques jours, et qui d'ailleurs ne comprend pas ce qu'il dit, tandis qu'il se préoccupe outre mesure du soin de conserver la bienveillance de tous ceux entre les griffes desquels son métier le fera retomber tôt ou tard. J'en conclus que M. Van de Velde peut être convaincu que pas une, je dis pas une seule, des phrases hautaines qu'il se figure avoir adressées aux autorités avec lesquelles il a traité, n'est arrivée à son adresse. Pour les phrases de ce genre, les drogmans de métier ont, de tout temps, fait ce que jadis le brouillard faisait pour les dépêches télégraphiques. Voilà donc qui est bien entendu ; l'héroïsme dont M. Van de Velde se vante si souvent, n'a existé que dans l'œuf et n'a pu éclore une seule fois. Je n'en voudrais pas d'autre preuve, d'ailleurs, que le titre de Khaouadja que ses drogmans lui appliquaient sans cesse, et dont il se montre très-flatté. Khaouadja veut dire marchand, et rien de plus ; le titre est fort en usage parmi les Syriens, c'est vrai ; mais ceux-ci ne se piquent que d'une chose, c'est d'être, le plus souvent possible, insolents avec les Francs.

Qu'est-ce que cela prouve? me dira-t-on. Cela prouve tout simplement que pour voyager en Syrie il faut être familiarisé avec la langue du pays, sous peine, non seulement d'être perpétuellement trahi et vendu par les drogmans que l'on emploie, mais encore de ne pouvoir compter fermement sur aucun des renseignements que l'on obtient de seconde main.

Au reste M. Van de Velde convient loyalement qu'il ne sait pas l'arabe, et il fait véritablement bien, car, à juger de son talent d'arabisant par les phrases qu'il a eu la pensée d'intercaler dans son récit, il est clair qu'il n'en comprend pas le premier mot. Si je ne transcrivais ici ces phrases, on pourrait croire que j'exagère. Voici donc les plus curieuses:

El-jaum beragit lah. M. Van de Velde traduit cela par : —

en hiver nous n'avons pas de puces ici, — et cette phrase ne peut être arabe qu'à la condition d'être coupée et orthographiée ainsi : *El-youm berarhit? la.* —Aujourd'hui des puces? Non (tom. 1ᵉʳ, p. 96).

Sawa, Sawa est, selon M. Van de Velde, une expression employée en sa présence par des Druses qui veulent exprimer que les Anglais et les Druses ont la même physionomie, et sont par conséquent frères de race. Le vrai c'est que *saoua, saoua,* signifie à la lettre : ensemble, ensemble, et veut dire que l'on est amis (tom. 1ᵉʳ, p. 124).

Le mot *tefaddal* est, pour M. Van de Velde, un mot vide de sens (tom. 1ᵉʳ, p. 171), et M. Van de Velde se trompe, ce mot est rigoureusement l'équivalent du *favorisca* italien. A la page 185, les mots *ras-el-ayn* sont rendus par *the-head of the waters*, c'est la tête de la source qu'il faut dire, et non la tête des eaux.

Le Léontes prend vers son embouchure, sur la route de Sour à Sayda, le nom de *Narh-el-Qasmieh*, rivière de la séparation, et M. Van de Velde dit résolument que le Léontes s'appelle en ce point Qasmieh (tom. 1ᵉʳ, p. 201).

Dans la même page notre voyageur cite le *Narh-Blaswad*, sans se douter que le nom de cette petite rivière est *Nahr-abou'l-Asoued,* le fleuve père du Noir. Ce qui est plus singulier encore, c'est le discours que M. Van de Velde, arrivant trop tard pour entrer à Saint-Jean-d'Acre, glisse à travers la porte, afin de se la faire ouvrir par les soldats de garde; le voici textuellement : *Chawadja englisi. — Firman sulthan.* — Cela veut dire : marchand, anglais. — Firman, soulthan. — Une tête se montre alors et répond une phrase dans laquelle il ne saisit que le mot bakhchich. Si M. Van de Velde eût fait briller un bechlik de vingt sous, il eût été compris et servi tout de suite (tom. 1ᵉʳ, p. 270).

Plus loin la formule fataliste : *in châ allah,* si Dieu veut, est écrite, *insh'allah,* et traduite *comme Dieu veut* (tom. 1ᵉʳ, p. 405). Puis l'adieu ordinaire *Maa-es-Selameh,* avec la paix, est transcrit *ma salame*, et traduit : que la paix soit avec vous (tom. Ier, p. 420).

Bab-el-Amud (*Bab-el-Admoud*), la porte de la colonne, signifie, pour M. Van de Velde, la porte *des colonnes* (tom. Ier, p. 461).

Abrash-Guzzeh est traduit : les tours de Gaza (tom. Ier, p. 482). Il faut probablement lire *Abradj* (pluriel de *Bordj*) *Rhazzeh*. — *Heida katib chawadja* est traduit par : here are letters for you, sir ; ici sont des lettres pour vous, monsieur. *Heida* n'est pas arabe, et *katib* signifie écrivain ; c'est *kitab* qui signifie au propre un écrit, et par extension une lettre (tom. II, p. 3).

A la page 20, je trouve encore un dialogue où tous les mots sont écorchés, orthographiquement parlant ; mais ce qui, dans ce dialogue, est surtout remarquable, c'est la traduction des deux mots : *nahm, challas,* oui, c'est tout (lisez : nâam, khallas) ; que nous trouvons rendus par Yes, you have gone over the whole.

Beit-Fahûr est le nom que M. Van de Velde donne au village de *Beit-Sahour*, *il pastore* des chrétiens de Beit-Lehm (t. II, p. 42).

Gibel Fareidis (lisez : *Djebel foureïdis*) ne signifie pas montagne du Paradis, mais bien du *petit Paradis*, *Foureidis* étant un diminutif très-régulier (t. II, p. 38). *Ya ebni* (p. 89), qui est rendu par : hear me, my little son, signifie tout simplement *mon fils*, et rien de plus.

Mesikoum-belcheir ne signifie pas : a blessed evening, une soirée bénie, mais tout simplement : bonsoir ; encore faut-il l'écrire : *M'çâa-koum bil-Khéir* (t. II, p. 93). Cette fois, comme partout, M. Van de Velde omet la particule *ya*, qui est la caractéristique indispensable du vocatif. Ce n'est pas tout, cette formule banale de *bonsoir* est pour M. Van de Velde : the usual introduction to a new subject in the conversation of the arabs. — Où M. Van de Velde a-t-il pris cela ?

A la page 182 (t. II), M. Van de Velde, qui ne sait pas plus le turc que l'arabe, cite le titre *mufti-effendim* comme signifiant sa révérence le grand-prêtre, et il ne se doute pas qu'*effendim* est un vocatif.

A la page 192, *Derb-sultan* (lisez *Dharb es-Soulthan*, le chemin du sultan) est traduit par the higway, la grand'route.

A la page 253, *Sidn aisa* (lisez *Sidna-âysa*, Notre-Seigneur Jésus) est traduit : the lord Jesus.

A la page 265, nous trouvons encore une phrase bizarre de l'arabe à l'usage de M. Van de Velde ; la voici : *Mûsh la sîm Baksheesh. 'Katib la sîm, geiro lah!* (We care nothing for a baksheesh. We require a letter ; nothing else will do); lisez cette phrase de patois syrien : *Mouch* (pour *Ma-hou-chei*) *lazem Backhchich; Kitab lazem; Rheirhou, là.* — Il ne faut pas de Bakhchich ; il faut une lettre ; il ne faut pas autre chose.

A la page 273, M. Van de Velde traduit le mot *ghôr* par plaine, et il se trompe ; *rhôr* veut dire marais.

Enfin (t. II, p. 420) *tell el kadi* est traduit : the hill of the judges, par M. Van de Velde, qui ne sait pas que *Cadhi* est un substantif singulier dont le pluriel est *Codha*.

Ces exemples suffiront pour montrer, jusqu'à la dernière évidence, que M. Van de Velde (qui d'ailleurs, je le répète, en convient loyalement) n'entend pas un mot d'arabe, et n'a pu par conséquent recueillir d'autres renseignements que ceux que son drogman a dû prendre, avec son intelligence et son exactitude de drogman, qualités qui sont très-convenablement représentées par zéro. On comprendra tout ce que cette nécessité avait de pénible pour notre voyageur, en lisant les phrases suivantes, qu'il a eu la bonne foi d'écrire dans son livre :

Je traduis littéralement :

« Je pus voir, en cette circonstance, combien il est impossible de découvrir des ruines dans ce pays, sans le secours des natifs, et en même temps combien il est probable qu'en l'explorant avec leur assistance, la plus grande partie des villes perdues d'Israël peuvent encore être retrouvées (t. I, p. 178). »

« Je veux seulement ajouter qu'en même temps que nous rendons hommage au perspicace et savant voyageur américain (Robinson), nous ne devons pas oublier que la moitié de cet hommage appartient à son compatriote, le révérend docteur Éli Smith, dont la connaissance de l'arabe était un avertissement de tous les instants pour Robinson, avertissement sans lequel celui-ci aurait toujours marché à tâtons. Les difficultés dont j'ai souffert moi-même, à cause de mon ignorance de la langue, m'amènent à considérer la réunion de deux hommes comme Eli Smith et Robinson, comme la combinaison qui peut le mieux favoriser l'étude de la géographie biblique (t. II, p. 152 et 153). »

M. Van de Velde me permettra, je l'espère, de le remercier de ce qu'il a bien voulu prouver que je me suis à bon droit félicité de ce que, pendant mon voyage, j'ai constamment pris, parmi les gens du pays, des guides avec lesquels j'avais l'avantage de pouvoir converser fort à mon aise, et sans l'intervention d'un drogman.

Voilà pour l'arabe ; passons à l'hébreu maintenant. Probablement M. Van de Velde m'accordera qu'il vaut mieux être en état de lire et de comprendre l'hébreu, que de recourir aux traductions d'autrui. C'est encore là un avantage que j'avais sur lui, et dont je dois parler, puisqu'en plusieurs passages M. Van de Velde hasarde des opinions sur des mots hébreux, opinions que je suis contraint de déclarer inadmissibles. Ainsi (t. I, p. 126), par exemple, je trouve la phrase suivante : The words sirion, shenir, and sion or zion, all designate height *par excellence*, according to well-informed writers. Les mots *sirion, shenir,* et *sion* ou *zion* désignent tous *hauteur* par excellence, selon les écrivains bien informés. — J'en suis fâché pour les écrivains en question, mais je dois dire que je les crois mal informés. En effet, le mot hébreu *sioun* est un substantif se rattachant au mot *sih*, siccitas, siccum, aridus locus, et signifie lui-même *lieu aride;* de là est venu son nom au mont Sion. *Tzion nomen habet a siccitate loci*, dit Buxtorf, et je le crois assez bien informé. Je ne parle pas des autres mots *sirion* et *schenir*.

Ailleurs (t. II, p. 142) je lis encore, à propos d'une localité nommée Hhora, et dans laquelle M. Van de Velde prétend retrouver la localité biblique de Horma (Josué, xv, 30 et xix, 4) : The hebrew M, as is sometimes the case, may be left out in the arabic form of Horma. — Voilà, je le crains bien, un principe philologique qui ne sera pas admis par les orientalistes, qui croiront difficilement à la chute d'un *M* radical, pour le même nom exprimé dans deux idiomes aussi voisins que l'hébreu et l'arabe.

Il est vrai que M. Van de Velde, peu rassuré sur le sort de l'identification qu'il propose pour Hhora, se hâte d'ajouter en note : « Si Hhora n'était pas si loin de El-Lechieh, je serais tenté de le croire identique avec En-Hakkore des Juges (xv, 19). » Je crois que les deux identifications proposées se valent, c'est-à-dire que l'une n'est pas meilleure que l'autre.

Du reste, si M. Van de Velde pose un peu hardiment des principes philologiques impossibles, relativement à des idiomes qu'il ignore complètement, il ne se fait pas faute de se moquer des identifications proposées par autrui, lors même qu'elles sont fondées sur des règles qui forment l'*a b c* de la science philologique. Ainsi (t. II, p. 310-312), en s'occupant du Kerit de la Bible, rivière qu'il prétend retrouver à l'Ayn-Fasaël, il a bien soin d'abord de l'appeler *un ruisseau* (*Brook*), tandis que le texte hébreu le nomme *Nahl* (Rois, t. xvii, 3 et 7), ce qui revient à dire positivement que c'était un torrent et non une source. D'ailleurs le verset 7 du même chapitre dit : « Il arriva qu'au bout de quelque temps le torrent se dessécha, car il n'y avait pas de pluie sur la terre. » M. Van de Velde pense-t-il pouvoir appliquer ceci à l'Ayn-Fasaël ? J'en doute fort. Quant à la position *à l'orient* du Nahl-Kerit, comme nous ne savons pas au juste où se tenait Akhab lorsqu'Elie lui annonça la sécheresse, nous ne pouvons dire si l'expression biblique

Koddamah, qui veut dire littéralement *en avant*, doit recevoir ici le sens forcé *à l'orient*. Mais revenons au Nahl-Kerit et faisons observer, en passant, à M. Van de Velde, que les liquides L et R peuvent permuter aisément dans un radical, sans en changer la valeur, suivant une loi bien connue de tous les philologues. Or, que dit M. Van de Velde de la prétention de reconnaître le Kerit de la Bible dans le Kelt qui coule près de Jéricho ? Le voici (p. 340, note) : « M. de Saulcy, en parlant de Nahr-Kelt, nous assure que la différence de prononciation entre les mots Kelt et Cherit (lisez Kerit) est si faible, qu'il n'y a pas de difficultés pour identifier ces deux mots l'un avec l'autre (!) » Que signifie ce point d'exclamation ? une seule chose : c'est que M. Van de Velde n'a pas les notions élémentaires de la philologie. Au reste, ce n'est pas moi que M. Van de Velde prend cette fois à partie ; car, sans qu'il s'en doute, il s'adresse au révérend Robinson ; lisez plutôt (Robinson, t. II, p. 288, note) : The arabic form Kelt and the hebrew Cherith are indeed not exactly the same : Though the change from *Resh* to *Lam*, and That of *Kaph* into *Koph* are sometimes found. See Gesenius, etc. — Enfin quel nom porte le Kedron dans l'Écriture sainte ? A coup sûr ce n'est pas une fontaine ; eh bien, il s'appelle Nahl, comme le Kerit (II, Samuel, xv, 23 et passim). Mais en voilà assez sur ce sujet. Concluons encore de tout ce qui précède que M. Van de Velde n'a aucun moyen de tirer parti des textes sacrés originaux.

Sait-il mieux le latin que l'hébreu et que l'arabe ? La chose paraît douteuse, puisqu'il transcrit (t. I, p. 479) *Itinerarium Hyerosolima*, le titre de l'itinéraire de Bordeaux à Jérusalem.

Très-souvent M. Van de Velde fait bon marché de ce qu'il appelle les savants et la science ; mais je crois qu'il a grand tort ; car un peu d'érudition ne nuit jamais, et je pense qu'il eût été prudent, de la part de notre voyageur, de consacrer plus de temps à acquérir l'érudition élémentaire qui lui était nécessaire ; il eût de la sorte évité certaines erreurs de détail, qu'il fera bien de faire disparaître d'une seconde édition, et que je m'empresse de lui signaler, pour lui rendre service. Il ne faut pas que l'auteur d'un voyage dans un pays aussi intéressant que la Terre-Sainte, puisse être soupçonné d'avoir parlé de choses qu'il n'a pas vues, et dont il n'a puisé la connaissance que dans les récits des voyages antérieurs au sien. Je passe à l'énumération des faits de ce genre qui font tache dans le livre de M. Van de Velde.

Tome I, p. 76. Dans la description de la route de Beyrout à Sayda, M. Van de Velde dit que l'on y reconnaît les restes de la voie romaine et des bornes milliaires gisant dans le sable, bornes dont quelques-unes ont été décrites comme des curiosités (as curiosities) par Maundrell, en 1697, de même que par *les derniers voyageurs*. Ceci est très-vrai, mais ce qui ne l'est plus, c'est l'indication de la place où gisent ces *curiosités;* elles ne sont pas entre Beyrout et Sayda, mais bien entre Sayda et Sour, ce qui ne revient pas au même. Si M. Van de Velde veut bien relire Maundrell et les *derniers* voyageurs, il reconnaîtra qu'il a mal pris sa note sur les bornes milliaires de la côte de Phénicie [1].

P. 79. A propos de Naby-Younès, M. Van de Velde dit que quelques savants placent en ce point la ville de Porphyrion. Mais aucun voyageur, que je sache, ajoute-t-il, n'a jamais rencontré aucune de ses ruines. — M. Van de Velde, qui m'a lu, ne m'a lu que superficiellement, car il trouvera dans mon livre l'indication de magnifiques fûts de colonne de granit, que Pockoke avait vus bien longtemps avant moi, dont Robinson parle (tom. III, p. 432), et qui ne sont pas venus là tout seuls. Que M. Van de Velde relise cette page 432 du 3ᵉ volume de Robinson et il y trouvera

---

[1] Robinson (tom. III, p. 432) parle d'une borne milliaire qu'il a trouvée entre Sayda et le Khan-en-Nabi-Iounès. Mais celle-là n'a rien à faire avec les *curiosités* décrites par Maundrell.

encore la phrase suivante : In the side of the mountain back of the khan, are also extensive excavated tombs which my companion had fomerly visited, evidently once belonging to an ancient city. —Que M. Van de Velde se rassure donc, Porphyrion était bien là, et s'il ignore que d'autres voyageurs que lui y ont vu des ruines, c'est qu'il n'a pas suffisamment examiné leurs ouvrages, à défaut du terrain.

P. 80. M. Van de Velde parlant de la rivière Aoualy dit: The river seems to have been the natural boundary between Phœnicia and Syria. Notre voyageur a mal copié l'ouvrage de Robinson (p. 430), qui dit : Là finit la belle plaine de Sidon, de même que la grande plaine phénicienne ; — car Robinson, que M. Van de Velde accuse de n'être pas géographe (tom. II, p. 249), n'aurait pas commis une erreur aussi forte. Que M. Van de Velde ouvre Reland, qu'il cite souvent, et qu'il lise seulement ce que ce savant dit (p. 47) en copiant Strabon : *Phœnicia est regio maritima ab Orthosia, Pelusium usque, adeòque omne littus terræ Israeliticæ.* Cela lui suffira sans doute pour reconnaître que la Phénicie ne finissait pas au Nahr-el-Aoualy, et que Robinson n'est pas si mauvais géographe qu'il le pense.

P. 101. Entre Sayda et Sarafend, M. Van de Velde rencontre un Tel-el-Barûk, à propos duquel il dit : Turner says that the port of Barone was formerly here; perhaps the name of Baroûk has misled him. Qu'est-ce que peut être ce port de Barone? J'avoue que je suis dans l'impossibilité de le deviner. Vingt minutes après, M. Van de Velde rencontre les ruines d'une tour carrée (c'est le Bordj-el-Aqbêa) qu'il regarde comme étant probablement une des tours de garde bâties par Hélène, le long de la côte. Cette tour m'a semblé d'une toute autre époque, et son mode de construction ne se prête pas, je crois, à l'hypothèse du voyageur.

Je ferai remarquer ici à M. Isambert, qui m'a reproché d'avoir inscrit deux Sarafent sur mon itinéraire, que son ami

M. Van de Velde en a vu et signalé tout autant que moi (p. 102).

A la page 114, M. Van de Velde nous fait connaître les sources de son érudition. Je traduis : « Au côté ouest du château (Qalaât-ech-cheqif) est le village d'El-Hamrah, bâti sur un roc élevé. Ayant consulté *quelques vieux livres*, il me semble que ce village doit avoir été la Rama mentionnée dans Josué XIX, 29, par laquelle passait la limite de l'héritage d'Aser... Les savants disent que Harama est la forme hébraïque de ce mot. »

Tout ceci est un peu trop hypothétique. El-Hamrah veut dire *la rouge*, Rama veut dire *élevée*, et Harama *l'élevée*. Les savants qui ont appris à M. Van de Velde que Harama est la forme hébraïque du nom en question, feront bien d'ouvrir la première grammaire hébraïque venue, pour apprendre que Rama est le nom sans article, et Harama, le même nom muni de l'article, et ceci nonobstant l'opinion de saint Jérôme qui transcrit ce nom Hormah. Maintenant quels sont les *vieux livres* qu'a consultés M. Van de Velde ? Il nous a privés de leurs titres et par conséquent nous ne les connaissons pas.

A la page 130, je lis ceci : N'est-il pas étrange que ni Josephe, ni aucun écrivain moderne ne cite le Hasbany comme étant la principale des trois sources du Jourdain ? — M. Van de Velde parle souvent de M. de Bertou ; mais il le fait évidemment sans l'avoir lu, car il saurait que M. de Bertou a le premier soutenu cette thèse, qui est plus ou moins contestable. Cette fois donc M. Van de Velde s'attribue la priorité d'une idée qui ne lui appartient malheureusement pas. Nous verrons un peu plus loin une preuve tout aussi décisive de ce fait étrange que M. Van de Velde cite les opinions de M. de Bertou, sans s'être donné la peine de lire son travail.

P. 179. M. Van de Velde, convaincu qu'il a retrouvé les ruines de la fameuse Hazor de la Bible, fonde son opinion sur l'assertion suivante : « Il est fait mention, dans quelques très-anciens voyages, de Hazor comme étant située en ce point. » Je me contenterai de demander ici à l'auteur pourquoi il s'est borné à affirmer ce fait, sans l'appuyer sur aucune citation. En pareille matière, on n'avance pas, on prouve les faits de cette importance. Plus loin, je reviendrai sur les découvertes de M. Van de Velde, et par conséquent j'aurai à m'occuper de celle de Hazor. A la page 185, M. Van de Velde laisse voir qu'il croit ses lecteurs bien ignorants, puisqu'il pense avoir besoin de mettre entre parenthèses la phrase suivante : (Thus long after Salomon's time) en parlant de la jetée construite par Alexandre entre Tyr et la terre ferme.

P. 254. M. Van de Velde reconnaît des ruines considérables nommées Maâsub, à un quart d'heure de marche d'Elbassa. Il y découvre des inscriptions funéraires *en ancien grec;* ce sont ses propres expressions. Voilà certainement un renseignement précieux, mais quelle valeur prend-il avec la forme qu'on lui donne? Heureusement la planche annexée à la fin du 2ᵉ volume, donne la transcription de l'unique épitaphe en *ancien grec*, que M. Van de Velde a recueillie comme provenant de Maâsub, dans la maison d'un prêtre catholique grec à el-Bassa. Hâtons-nous de dire que cette inscription, loin d'être ancienne, n'est que de l'époque byzantine.

P. 272. M. Van de Velde, parlant de l'usurpateur Alexandre Bala, le nomme Alexandre Pheles. Où donc a-t-il trouvé ce nom? Il serait bon d'accepter, pour les noms propres, la forme que l'histoire leur a donnée, sans se permettre de leur attribuer une autre physionomie, par pur euphémisme.

P. 314 et 315. M. Van de Velde rencontrant, à une lieue d'Athlit et à 400 pieds du bord de la mer, une localité nommée Ayn-Haud (lisez : Ayn-el-Haoud, source de l'Auge), ajoute : The ancient En-Hadda of Issachars inheritance probably laid here (Josué, XIX, 21). Ceci prouve que M. Van de Velde connaît fort mal la situation respective des territoires assignés à chaque tribu. Qu'il ouvre Reland (p. 158), il y trouvera ce qui suit : *Tribus Jissascar.* Josué, XIX, 17, *describitur regio tribui Jissascar data, se extendens a Jordane, usque ad portionem tribus Menassis borealem et maritimam; non tamen pertigit ad ipsum mare, nam alias Aser non contigisset Menasse ab austro*, *quod legitur* Josué, XVII, 10. — En voilà assez, je pense, pour rejeter l'identification que propose M. Van de Velde.

P. 373. M. Van de Velde rencontrant un village nommé Rameh, sur la grande route (comme il l'appelle) de Djenin à Samarie, en conclut que c'est la Remeth de Josué (XIX, 21) qui formait la limite extrême sud de la tribu d'Issakhar ; mais il ajoute ceci : According to Joshua (XIX, 29) compared with I, Chron. VI, 73, Remeth, Ramoth and Jarmouth seem to have been different names for the same town. A tout ceci il faut quelques mots de réponse. Le 6ᵉ chapitre du 1ᵉʳ livre des Chroniques n'a que 66 versets, donc il m'est impossible de comparer le verset 73 de ce chapitre avec le verset 29 du chapitre XIX de Josué. Je trouve bien au chapitre VI des Chroniques un verset 65 contenant ceci : Et de la tribu de Gad, Ramoth en Galaad, avec ses terrains libres, etc. Est-ce là le verset que M. Van de Velde invoque ? Admettons-le un instant. Voici ce qui est vrai : *Terra Gilead sæpe omnem regionem trans Jordanem denotat, certe hic significat terras ab Rubene, Gad et dimidiâ tribu Menassis occupatas, quæ evidenter distinguuntur a terra Canaan* (Reland, p. 4). Le verset 29 du chapitre XIX de Josué est ainsi conçu : La limite (d'Issakhar) revient vers Rama et jusqu'à la ville forte de Tyr, revient vers Hossa, aboutit à la mer par la contrée d'Achzib. — J'avoue que la comparaison de ces versets ne m'apprend absolument rien sur une Ramah placée entre Samarie et Djenin. Voyons maintenant ce que nous trouvons dans l'Écriture sainte sur les localités de ce nom. Nous avons Rama, ville de Benjamin (Reland, p. 963) ; Ramath de Siméon (Rel., p. 964) ; Ramathaïm Tzophim, dans les montagnes d'Ephraïm (Rel., p. 964) ; Ramatha d'Ephraïm, suivant Joseph (Rel., p. 965); Ramath Hamitzpe de Gad (Rel., p. 966); Ramathon, à 40 stades de Jérusalem (Rel., p. 966); Ramoth de Galaad (Rel., p. 966). Ramoth de Galaad était à 15 milles de Philadelphie (Hammam, sur la rive gauche du Jourdain, Rabbath-Ammon). Saint Jérôme dit que cette Ramoth de Galaad était dans la Perée, auprès du fleuve Iabok. Enfin, il y a une Ramoth au sud de la tribu de Juda (Rel., p. 966 et 967); voilà tout. Quant à Iarmouth, c'est une ville de la tribu de Juda (Josué, xv, 35). *Putatur eadem ac Ramoth et Remeth quia Remeth et Engannim junguntur* (Jos., xix, 21) *uti recensetur* (Jos., xxi, 29) *inter urbes Issascaris Yarmouth et Engannim : atqui* (Jos., xv, 34, 35) *Engannim et Iarmouth inter urbes Judæ in planitie sitas recensentur. Hieronymus notat (ad vocem Iarmouth) eam distare 4 mill. ab Eleutheropoli* (Rel., p. 826 et 827). Concluons de ceci qu'il y avait une Iarmouth et une Engannim dans la tribu de Juda, et qu'à moins d'erreur de copiste, il y avait deux villes du même nom dans la tribu d'Issakhar. Il se peut donc que la Ramah trouvée par M. Van de Velde soit la Remeth d'Issakhar; mais il reste toujours démontré que ce voyageur a mal consulté sa Bible, ou qu'il l'a mal comprise dans les passages qu'il cite, puisqu'il trouve une ville de Galaad près de Samarie.

P. 443. Il est vrai, dit M. Van de Velde, que les voyageurs qui ont suivi la route de Jaffa à Jérusalem, se sont trompés et se trompent encore, en identifiant les villages et villes avec des lieux nommés dans l'Écriture sainte et dans l'histoire profane; mais il serait trop long de réfuter leurs erreurs. — En conséquence M. Van de Velde réserve sa leçon géographico-archéologique pour une autre occasion. Voilà qui est bien; une promesse est quelque chose, mais quand on publie un ouvrage en deux gros volumes, sur la géographie comparée d'un pays comme la Terre-Sainte, je ne vois pas trop quelle meilleure occasion l'on peut attendre, pour signaler des découvertes qui renversent les opinions émises par ses devanciers.

P. 453. Je me bornerai à transcrire sans commentaires les phrases suivantes : « Avec toutes les études par lesquelles je me suis préparé d'avance sur la topographie de Jérusalem, et avec tous les livres et tous les plans que j'ai avec moi, je ne suis pas encore assez avancé dans mes propres levers, encore moins me trouvé-je en condition de prononcer un verdict décisif sur des localités au sujet desquelles les savants ont publié des communications si complétement différentes, ou ont formé des théories si contradictoires. Je sais bien qu'il y a des voyageurs qui, avec des yeux qui ne regardent que les surfaces, et avec une langue qui dit trop de choses, ont la prétention de parler d'une manière décisive sur ce qu'ils ne voient qu'en passant ; moi j'aime mieux confesser hautement mon ignorance, et ne pas augmenter l'obscurité qui règne dans les rapports confus des voyageurs à Jérusalem, en ajoutant les miens aux leurs. »

P. 462. M. Van de Velde se trouvant entre la grotte de Jérémie et la muraille de la ville, examine cette muraille et s'écrie : « En regardant de près la muraille en ce point, nous voyons que quelques-unes de ses parties sont composées d'anciennes pierres occupant non seulement leur position primitive, mais encore établies sur la masse du roc naturel, qui a été retaillé et aplani pour faire suite à la muraille. Ainsi, dites-vous, ces portions doivent être des portions de la muraille primitive du temps des rois de Judah. C'est ce qui a positivement lieu, et toutes les théories des savants, et toutes les hypothèses au sujet des enceintes de Jérusalem, ne parviendront pas à m'enlever cette conviction. » J'en suis fâché pour M. Van de Velde, mais cette conviction n'a et n'aura de valeur que pour lui. Comment ! parce qu'un mur *moderne* est ajusté sur le roc qui se relie avec lui, il devient certain que ce mur est du temps des rois de Juda ? Qu'on démontre alors que les Turcs n'ont pu retailler eux-mêmes les rochers en question, et surtout qu'on explique comment cette muraille du temps des rois de Juda comporte des meurtrières, et un piédestal évidemment romain encastré dans sa maçonnerie. Sur toute la face de l'enceinte comprise entre la porte de Damas et la porte Saint-Etienne, il n'y a pas, je l'affirme tout aussi résolument que M. Van de Velde, un seul bloc en place de l'époque des rois de Juda. A la porte de Damas même, il y en a deux ou trois qui ont été signalés pour la première fois par Schultz, et voilà tout. Mais M. Van de Velde est logique. Ayant la volonté de retrouver le Golgotha à la colline dans le flanc de laquelle s'ouvrent la grotte de Jérémie et le tombeau d'Alexandre Jannéas, il devenait prudent, même aux dépens de la vérité et de l'observation la plus superficielle, de déclarer que la portion de muraille placée devant la grotte de Jérémie était du temps des rois de Juda. Malheureusement cet argument fait défaut à son auteur, et je le mets au défi de convaincre sur ce point quiconque aura une seule fois longé cette portion de l'enceinte de Jérusalem, en l'examinant avec les notions les plus élémentaires sur la nature des appareils de construction, antique et moderne. Toutes les antiquités de Jérusalem ont été photographiées depuis le passage de M. Van de Velde; c'est un grand malheur pour les théories bâties sur des faits inexacts. M. Salzmann, auteur de ces photographies, a rendu un éminent service à l'archéologie judaïque, puisqu'il a fourni à tous ceux qui voudront y regarder une seule fois, le moyen de décider de quel côté est la vérité.

P. 463. M. Van de Velde trouve que la description donnée par Josèphe, du tracé de l'enceinte construite par Agrippa, n'est pas suffisamment claire. Sans doute elle a besoin d'être sérieusement étudiée sur le terrain, et feu le docteur Schultz s'était parfaitement acquitté de ce soin, à l'aide d'explorations continuées pendant plusieurs années consécutives : c'est ce travail intelligent qui lui fit découvrir le tombeau d'Hélène, que M. Van de Velde s'est dispensé d'aller visiter ; était-ce pour se réserver la possibilité d'affirmer, comme il le fait, que la position du tombeau d'Hélène est perdue? ou bien M. Van de Velde n'a-t-il pas étudié le travail topographique de Schultz? Je l'ignore, mais probablement notre voyageur a eu ses raisons pour produire cette assertion.

P. 476. A côté du couvent arménien du mont Sion est pour M. Van de Velde le tombeau de David et de la plupart de ses descendants. Donc M. Van de Velde n'a pas lu ce que Quaresmius dit de l'église, devenue la mosquée de Nabi-Daoud pour les musulmans, tandis que c'était pour les chrétiens, ses anciens possesseurs, l'église de la Cène, dans laquelle il n'y avait pas trace de caveau sépulcral.

P. 479. Le Birket-es-Soulthan est probablement, dit M. Van de Velde, « la citerne qui fut faite contre le sépulcre de David » (Nehemie, III, 16). Ne semble-t-il pas que les guillemets employés ici indiquent une citation textuelle? Ouvrons Nehemie au verset mentionné, et nous y trouvons : Après lui travailla Nehemie, fils d'Azbouk, chef du demi-district de Beth-Sour, jusqu'en face des tombeaux de David, et jusqu'à l'étang fait (ou d'Asouiah?) et jusqu'à la maison des héros. Il me semble que cela ne signifie pas plus pour l'étang d'Asouiah que pour la maison des héros, qu'ils étaient *contre* les tombeaux de David. A propos de cette citerne M. Van de Velde ajoute : « Dans « Isaïe (XXII, 9), ainsi qu'il me semble, il en est parlé « comme de l'étang inférieur, en opposition à l'étang su- « périeur du chapitre VII, verset 3. Ceci cependant est loin « d'être généralement reconnu par les archéologues. Pour- « quoi non? Nous examinerons cela une autre fois. » M. Van de Velde, on le voit, attend toujours une *meilleure occasion* pour examiner les points de la topographie de Jérusalem.

P. 483. Pour M. Van de Velde, Millo était une rangée de bastions de pierre, placée au-dessus du bord nord du mont Sion. Nous aurions bien voulu que M. Van de Velde justifiât quelque peu cette étrange définition de Millo. Malheureusement nous serons condamnés à attendre fort longtemps une justification, car Millo était un vallon, un ravin. Ce n'est certes pas moi qui l'ai dit le premier.

Dans la même page M. Van de Velde, en parlant de la citadelle de Jérusalem, dit : « L'architecture de la citadelle « actuelle est reconnue pour être romaine. » La tradition lui a donné le nom de château des Pisans, et sauf la tour de David, il n'y a pas une assise des murailles qui ne soit, au plus haut, de l'époque du royaume latin de Jérusalem. Nous sommes, par le seul fait que je viens de citer, fixés sur le droit que M. Van de Velde a de parler de l'âge respectif des constructions anciennes. Quant à la Tour de David, il déclare que la base remonte très-certainement aussi loin que David et Salomon. « Le savant voyageur « (Robinson), dit-il, et d'autres qui ont ajouté leurs « recherches aux siennes, l'ont pleinement démontré. » Cette assertion n'est pas suffisamment exacte. Robinson a parfaitement reconnu la tour Hippicus dans la tour de David, mais il en croit la base postérieure aux fragments, certainement salomoniens, de l'enceinte du temple (tom. I, p. 456).

M. Van de Velde me permettra-t-il de revendiquer pour moi la clairvoyance qu'il attribue à d'autres voyageurs? Ne citer les gens que pour les contredire à tout prix, mais s'attribuer leurs opinions sans les citer, c'est une manière d'agir qui n'est pas louable.

Après avoir passé en revue le tome 1er du livre de M. Van de Velde, je vais montrer que le second ne vaut guère mieux.

Tome II, p. 19. Je trouve dans cette page une phrase adroitement mise par M. Van de Velde dans la bouche d'un certain Mashulam, juif converti au protestantisme et ci-devant hôtelier de Jérusalem, lequel dit que j'ai parcouru une grande partie de la *côte ouest* de la mer Morte. Or, comme M. Van de Velde avait un calque de ma carte manuscrite, il savait parfaitement à quoi s'en tenir sur la valeur de cette assertion. Ou c'est M. Mashulam, ou c'est M. Van de Velde qui n'a pas fait ici preuve de bonne foi ; en tout cas le dernier sanctionne l'assertion du premier. Tant pis donc pour celui à qui revient de droit le reproche que j'adresse au coupable, et dont ces deux messieurs sauront à merveille trouver le destinataire.

P. 33. M. Van de Velde se dirigeant de Tekoah vers la montagne des Francs (Djebel-Foureïdis) coupe une vallée abrupte nommée Ouad-Charëitûn, et il y trouve une vaste grotte sur le compte de la quelle il s'exprime ainsi : « Si « je comprends bien les Écritures, Charëitûn doit être le « lieu où « était le parc des Brebis, auprès du chemin, » « et duquel il est dit : là (était) une caverne. Saül y entra « pour couvrir ses pieds ; David et ses gens étaient assis « au fond de la caverne » (et non comme traduit M. Van de Velde : While David and his men remained in the sides of the cave. Moins de cinquante minutes après avoir quitté cette cave, M. Van de Velde est au pied du mont des Francs. J'ai donc le droit de me servir des expressions même qu'il emploie et de lui dire : Non, vous n'entendez pas les Saintes Écritures. Le chapitre auquel vous empruntez le verset que vous citez isolément dit, verset 1 : David monta de là, et s'établit dans les lieux forts d'Engaddi. 2. Et quand Saül fut revenu de la campagne contre les Philistins, on lui annonça, savoir : Voici que David est dans le désert d'Engaddi. 3. Saül prit 3,000 hommes choisis dans tout Israël et s'en alla chercher David et ses gens jusque sur le haut des rochers des Antilopes. — M. Van de Velde pense-t-il que le voisinage du mont des Francs placé si près de Beit-Lehm, était dans le désert d'Engaddi? Engaddi est fort loin de là ; donc la grotte vue par M. Van de Velde sera tout ce qu'il voudra, mais à coup sûr elle ne sera jamais prise que par lui pour le théâtre de la fameuse scène dont il s'occupe.

P. 52. M. Van de Velde nous prouve peu après de nouveau qu'il n'entend pas bien les Ecritures ; il dit : « En-« suite Samuel permit au jeune homme de partir et lui

« indiqua le chemin du sépulcre de Rachel à la plaine du
« Tabor (peut-être le pied du mont des Olives, nommé
« encore par les Arabes Jebel-el-Tûr, c'est-à-dire Tabor),
« où il devait trouver deux hommes allant à Béthel, et
« après à la colline de Dieu (Mizpeh), où est une gar-
« nison de Philistins. » S'il est vrai que le mont Tabor et
le mont des Oliviers portent le même nom de Djebel-et-
Tour, littéralement montagne de la montagne, la réciproque n'a pas lieu, et toute montagne qui, comme le Sinaï
par exemple, se nomme Djebel-et-Tour ne se nomme pas
pour cela Tabor. M. Van de Velde a donc tort de croire
que l'un de ces deux noms est en quelque sorte la traduction de l'autre. Il y a plus, le récit qu'il invoque ne peut
en aucune façon s'appliquer au mont des Oliviers; car, s'il
en était ainsi, indépendamment des circonstances du récit qui rendent ce fait impossible, il serait fort malaisé de
trouver, n'importe où, autour du mont des Oliviers, ce que
l'Ecriture appelle la plaine. Sur ce point donc encore, l'opinion de M. Van de Velde n'est pas soutenable.

P. 65. Je lis ceci : Aly-Bey, the Spanish traveller of
1103-7. M. Van de Velde commet ici un petit anachronisme de sept siècles seulement, l'espagnol Badia, n'ayant
voyagé en Orient sous le nom d'Ali-Bey-el-Abassi qu'au
commencement de ce siècle (1803-1807). Badia a publié
lui-même son voyage en 1814, chez Didot, et il est mort
à Paris en 1836. Je crois inutile d'appuyer sur cet échantillon de l'érudition de notre voyageur en Terre-Sainte.

P. 102. M. Van de Velde se rend à Massada par le haut
pays, et il parle du lieu où j'ai campé, comme s'il y était
venu. Pour y descendre de Massada il eût fallu suivre
le chemin que j'ai suivi, et qu'il ne connaît pas ; comment
se fait-il que cela n'empêche pas M. Van de Velde de déclarer que je dépeins, avec mon imagination habituelle, les
dangers du sentier que Josèphe décrit en le nommant la
Couleuvre. Comment se fait-il enfin que M. Van de Velde
affirme avoir trouvé de l'eau au point où je me plains

de n'en point avoir trouvé, lui qui n'y est point allé ? Je laisse au lecteur le soin de caractériser le sentiment qui a dicté ces assertions étranges. Ce que je puis dire à ce sujet de plus poli, c'est que M. Van de Velde ne m'a pas lu.

P. 104. Il ne m'a pas mieux lu en ce qui concerne ce qu'il appelle l'église de Massada; et à ce propos il s'étonne de ce que ni M. Wolcott ni moi nous n'avons parlé de cette église prétendue. Un bâtiment orienté de l'est à l'ouest n'étant pas de toute nécessité une église chrétienne, surtout quand il est pavé en mosaïque de l'époque du haut empire, je n'ai eu garde de faire une église de celui auquel M. Van de Velde assigne cette destination. Toutefois, qu'il veuille bien me lire et il se convaincra que j'ai parlé de cette ruine[1]; qu'il veuille bien ouvrir mon atlas et il se convaincra que j'en ai donné la vue et le plan. M. Van de Velde y trouvera aussi le tracé des lignes de circonvallation de Flavius Silva, dont il se contente de dire ce que j'en ai dit moi-même : The stones of wose entrenchments are still to be seen at the foot of the Rock, and look as if they had been left here yesterday (p. 404.)

Ainsi dans ce pays dix-huit cents ans passent sur des ruines, sans y laisser plus de traces que celles d'un jour de durée. Il suffit de doubler ce temps pour arriver à très-peu près à l'époque de la catastrophe de Sodome. D'où vient dès lors l'impossibilité de voir, où elles gisent, les ruines de cette ville maudite? Je ne le devine pas. Un dernier mot : M. Van de Velde a étudié bien superficiellement ces travaux de siége, puisqu'il ne les a vus qu'*au pied du rocher* de Massada.

P. 110. Ce qui suit prouve bien mieux encore que M. Van de Velde parle des opinions d'autrui sans prendre la peine de s'assurer du sens de ces opinions. Ainsi, pour me contredire plus à l'aise, il fait semblant de croire que

---

[1] Tome 1, p. 216. Devant nous, à moins de cent pas, est une ruine qui ressemble presque à une petite église, avec abside circulaire.

je prétends retrouver les ruines de la Zoar biblique, au petit fortin arabe ou turk de l'Ouad-ez-Zouera, tandis que j'ai placé Zoar à Zouera-et-Tahtah, c'est-à-dire à une demi-lieue plus bas, et sur les deux coteaux peu élevés qui dominent, à droite et à gauche, l'embouchure de l'Ouad-ez-Zouera. Puis il cite M. de Bertou parmi les voyageurs qui ont placé Zoar sur la rive orientale, et c'est précisément M. de Bertou, qui, le premier, a signalé les ruines de Zouera-el-Fouqah comme ayant conservé le nom de la Zoar biblique, laquelle devait nécessairement se trouver dans le voisinage de ce point, sinon en ce point lui-même. J'en conclus que M. Van de Velde n'a pas mieux lu le travail de M. de Bertou que le mien. M. Eli Smith lui a affirmé que le nom hébreu Zoar n'avait rien de commun avec le nom arabe *Es-Zuweïrah*. J'en demeure d'accord; mais j'ajoute bien vite que le nom Es-Zuweïrah n'a rien de commun avec le nom arabe Ez-Zouera de la localité dont il s'agit. Es-Zuweïrah est un nom écorché et rendu méconnaissable à plaisir.

P. 111. M. Van de Velde affirme que l'Ecriture dit de la manière la plus claire que Zoar était sur la côte orientale de la mer Morte, et que Zoar appartenait à la Moabitide. J'avais sommé M. Van de Velde de citer les textes bibliques sur lesquels il appuyait cette assertion si explicite, et il n'a pas pu se dispenser de le faire. Voici donc les passages qu'il indique pour prouver qu'il a raison : Genèse, XIX, 30, 38; Isaïe, XV, 5, et Jérémie XLVIII, 34. Prenons ces trois différents passages qui doivent me donner tort, et voyons ce qu'ils disent; Genèse XIX, 30. Loth monta de Zoar et s'établit sur la montagne avec ses deux filles, car il craignait de demeurer à Zoar; il se retira dans une caverne avec ses deux filles. 31. L'aînée dit alors à la plus jeune: Notre père est vieux, il n'y a plus d'hommes sur la terre pour venir vers nous, selon l'usage de tous les pays. 32. Allons, faisons boire du vin à notre père, et couchons avec lui, afin que nous conservions des enfants de notre père. 33. Elles firent donc boire du vin à leur père cette nuit; l'aînée vint se coucher avec son père qui ne s'en aperçut ni quand elle se coucha, ni quand elle se leva. 34. Le lendemain, l'aînée dit à la plus jeune : J'ai couché hier avec mon père, fais-le encore boire du vin cette nuit, viens coucher avec lui, afin que nous conservions des enfants de notre père. 35. Elles firent donc encore boire du vin à leur père, cette nuit; la plus jeune vint se coucher avec lui, qui ne s'en aperçut ni quand elle se coucha, ni quand elle se leva. 36. Les deux filles de Loth devinrent enceintes de leur père. 37. L'aînée eut un fils qu'elle nomma Moab; c'est le père des Moabites jusqu'à ce jour. 38. La plus jeune eut aussi un fils qu'elle nomma Ben-Ami; c'est le père des Ammonites jusqu'à ce jour.

La démonstration cherchée n'est certes pas dans ce passage, car s'il en résultait que Zoar était dans la Moabitide, il en résulterait tout aussi justement que Zoar était dans l'Ammonitide. Examinons donc les deux autres passages. Isaïe xv, 5. Mon cœur se lamente au sujet de Moab; ses fuyards errent jusqu'à Zoar, veau de trois ans. Car la montée de Louhith, on y monte en pleurant, et vers Khoronaim on fait entendre un cri de détresse.

Ce ne peut être encore là que M. Van de Velde trouve sa démonstration si claire. Les fuyards de Moab errent jusqu'à Zoar, donc Zoar est hors de Moab. J'espère que cette conclusion paraîtra la seule naturelle à quiconque examinera ce verset avec le bon sens le plus vulgaire. Puisque nous ne trouvons pas là non plus ce que M. Van de Velde a trouvé, allons plus loin et prenons le dernier passage qu'il invoque : Jérémie, xlviii, 34. Des cris de Hesbon jusqu'à Elaâleh, jusqu'à Iahas s'étend leur voix; depuis Zoar jusqu'à Khoronaim, veau de trois ans. Même les eaux de Nemrin sont déplacées.

M. Van de Velde voit-il par hasard ici la démonstration sur laquelle il s'appuie? Chose incroyable! nous sommes au bout de son répertoire. Franchement, il est difficile de traiter plus légèrement ses lecteurs que ne le fait notre voyageur, quand il invoque l'appui des textes sacrés. Certainement l'homme qui prétend que dans ces passages se trouve clairement exprimé ce fait que Zoar était sur la rive orientale de la mer Morte, ignore la valeur des mots, et ne comprend pas les passages qu'il cite.

Dans la même p. 111, je lis ceci : M. de Saulcy savait bien que Zoar appartenait à Moab, mais il s'est tiré d'embarras en reportant les limites de Moab sur la côte ouest de la mer Morte, et en passant en même temps sous silence les fixations (statements) de Jérôme et de Ptolémée. Quelle est l'épithète que l'on a le droit d'accoler à une assertion pareille, quand elle est contraire à la vérité? Je laisse à M. Van de Velde le soin de la chercher. En attendant qu'il l'ait trouvée, je le prie de relire les passages suivants de mon voyage : tome II, p. 15. — Enfin, saint Jérôme, dans son commentaire d'Isaïe (xv) nous apprend que Zoar était de la terre de Moab : Segor in finibus Moabitarum sita est, dividens ab eis terram Philistiim. Tom. II, p. 16. — Ptolémée, si les longitudes et les latitudes qu'il a déterminées, nous avaient été transmises avec correction, pourrait nous être d'un très-grand secours..... En construisant les positions relatives des villes suivantes : Jérusalem..... Zoara, 67 1/3 et 30 1/3..... on reconnaît que..... les chiffres relatifs à Charakmoba et à Zoara sont parfaitement inadmissibles. Ainsi probablement pour Charakmoba c'est 67 qu'il faut lire, et pour Zoara 66 (il est bien entendu que je laisse les fractions, sur lesquelles je ne me permettrai pas de faire des corrections). Car, sans cela, Zoar serait dans une position plus orientale que Karak, ce qui n'est pas soutenable. P. 17. — Quant à la frontière méridionale (de Moab) du temps de saint Jérôme, Zoar était sur la limite de la Moabitide et de la Palestine. P. 35. — Saint Jérôme, dans un passage déjà cité plus haut, nous dit que Zoar était sur les confins de la Moabitide, et séparait celle-ci de la Palestine. P. 39. — Nous avons déjà conclu à l'identité forcée de la Zoar biblique avec la Zouera-et Tahtah, dont les ruines se voient à droite et à gauche du débouché de l'Ouad-ez-Zouera..... D'après saint Jerôme, Zoar séparait la Palestine de la Moabitide, etc.

Ces citations établissent que j'ai *quatre fois*, en moins de vingt pages, cité l'opinion de saint Jerôme, opinion dont M. Van de Velde a l'incroyable pensée de me reprocher l'omission volontaire. Dans ces mêmes vingt pages j'ai discuté les données que nous fournit Ptolémée, et M. Van de Velde m'accuse aussi de les avoir passées sous silence. De deux choses l'une, ou M. Van de Velde ne m'a pas lu (et, par pure charité chrétienne, c'est là ce que je veux croire), ou il n'a pas apporté dans cette discussion l'un des éléments les plus essentiels des discussions de ce genre, c'est-à-dire la bonne foi.

Maintenant, puisque M. Van de Velde a cru tirer parti du texte de saint Jerôme pour montrer mes erreurs, il me permettra de retourner cette même arme contre lui. Zoara, dit saint Jerôme, séparait la Moabitide du pays des Philistins; donc, pour M. Van de Velde, la limite du pays des Philistins s'étendait jusqu'à l'entrée de l'Ouad-el-Karak, où il place le Zoar biblique. Voilà, je ne crains pas de le dire, une delimitation toute nouvelle de la terre des Philistins, et j'avertis M. Van de Velde qu'il aura bien de la peine à lui donner ne fût-ce que l'apparence de la possibilité. Lequel de nous deux, lui demanderai-je maintenant, bouleverse le plus hardiment les limites reconnues des pays bibliques? J'attendrai sa réponse.

P. 114 et suivantes. M. Van de Velde, pour montrer qu'il était bien en mesure de me donner un démenti formel au sujet des ruines de Sodome, ruines qui n'existent que dans mon imagination, à ce qu'il prétend, raconte qu'arrivé au côté nord de la montagne de Sel, Djebel-Sdoum, il fut obligé d'y faire accidentellement un séjour considérable. L'un de ses Bédouins, se trouvant fatigué, et sachant qu'ils ont une énorme journée à faire, veut conduire M. Van de

Velde par le côté est de la montagne de Sel (by the east side of the Salt mountain). M. Van de Velde, cet observateur émérite, avoue très-humblement qu'il ne s'en aperçoit pas d'abord. At first i did not see through his design ; but as we came nearer to the mountain, and began to have it on our left, his object could be no longer hid. Ainsi il a fallu que M. Van de Velde fût *plus près* de la montagne, et qu'il commençât à la voir à sa gauche, pour deviner l'intention de son guide. Ceci est très-net, et M. Van de Velde dit candidement qu'il n'était pas jusqu'alors suffisamment près de la montagne de Sel. Le guide fait alors toute sorte de serments à notre voyageur, pour lui prouver qu'il n'y a pas de route à l'ouest (that there was no way to the west of the salt mountain) ; mais enfin M. Van de Velde ordonne, et l'on passe de l'autre côté. Voici ce que dit alors notre voyageur : « Cette circonstance néanmoins fut cause que je
« fis une double marche le long du côté nord de la mon-
« tagne de Sel, et je demeurai pleinement convaincu que,
« quelque chose qu'il y ait sur la plaine, il n'y a aucune
« ruine. Quant à ce que M. de Saulcy dit avoir trouvé là,
« non seulement des traces de construction et de ville, mais
« encore positivement celles de Sodome, je déclare que je
« ne puis attribuer cela à une autre source qu'à la créa-
« tion de son imagination. » (Je traduis littéralement.) A la page suivante (116), M. Van de Velde déclare avoir marché trois heures et demie le long du côté *ouest* de la montagne de Sel, qui n'est qu'à quelques cents pas du bord de l'eau. Il cherche partout le spectacle plein d'horreur que lui promettait le récit de l'expédition américaine, et il ne voit qu'un beau lac, sur lequel nagent des canards sauvages, et qu'il compare à un lac de l'Ecosse.

Commençons par faire remarquer à M. Van de Velde qu'il lui fallait, pour être de pair avec moi, avoir effectué deux passages le long de la pointe nord de la montagne de Sel. Son inadvertance, inexplicable d'ailleurs, et une fantaisie de Bédouin lui procurent cet avantage ; c'est très-bien. Mais quelle confiance puis-je avoir dans un récit assez singulièrement composé pour que l'ouest soit perpétuellement remplacé par l'est, et réciproquement? Ce n'est pas tout; M. Van de Velde nous a, sans s'en douter, fourni la longueur du temps qu'il a pu mettre à examiner, avec plus de soin que moi, la pointe nord de la montagne de Sel. Voyons donc à déduire ce temps de l'itinéraire de sa journée. Il part à 5 heures du matin (p. 108) de son lieu de campement; il marche plus de deux heures avant d'arriver à la descente de l'Ouad-ez-Zouera, par conséquent il est 7 heures et un quart (p. 109); il fait une halte au fort de Zouera-el-Fouqah, elle dure une heure (p. 112); il a mis au moins une demi-heure à y descendre, bien certainement; donc il était 8 heures moins un quart quand il y est arrivé, et 9 heures moins un quart quand il est reparti. Du fort à la plaine il lui faut une demi-heure : il est 9 heures et un quart. Il marche trois heures et demie le long du flanc ouest (lisez Est) de la montagne de Sel (p. 110). Il est donc midi trois quarts; une heure plus loin que la montagne de Sel, il appuie à l'ouest, et il est une heure trois quarts. Alors il souffre d'une chaleur affreuse, en gagnant les hauteurs, et il est deux heures (p. 126). De cinq heures du matin à deux heures de l'après-midi, il n'y a que neuf heures d'intervalle. Récapitulons maintenant les heures que M. Van de Velde a dépensées ce jour-là :

Du campement à l'entrée de l'Ouad-ez-Zouera plus de deux heures, mettons.	2	1/4
Descente au fort Sarrasin	»	1/2
Halte au fort	1	»
De là à la plaine	»	1/2
Pour traverser la plaine	»	1/2
Le long du flanc ouest (lisez Est) de la montagne de Sel.	3	1/2
Une heure après, il appuie à l'ouest . . .	1	»

Peu après il est deux heures.

Or nous ne devons avoir que 9 heures, et en voilà, d'après le calcul de M. Van de Velde lui-même. . . . . 9 et 1/4

Donc M. Van de Velde, d'après son propre récit, n'a pu donner, quoi qu'il en dise, cinq minutes à l'examen de la pointe nord de la montagne de Sel.

M. Van de Velde s'obstine, et il a ses raisons pour cela, à affirmer que j'ai prétendu voir les ruines de Sodome (p. 143) « dans la plaine même où il n'a vu, lui, qu'une « étendue de gravier, principalement de couleur grise, « coupée occasionnellement de raies de grosses pierres, « qui *généralement courent parallèlement* l'une à l'autre. » D'abord je demanderai à M. Van de Velde de me citer, dans le monde entier, un seul torrent de montagne qui entraîne de grosses pierres, pour les disposer soigneusement en rangées parallèles. J'avais vu moi-même ces étranges rangées de pierres, et je n'avais pas hésité à y reconnaître des traces d'habitations primitives ; je ne m'en dédis pas maintenant que M. Van de Velde a pris soin de constater l'existence de ces files de blocs. Pour lui ce ne sont que des rangées de pierres roulées par les torrents ; encore une fois les torrents sont bien adroits en ce pays, puisque les pierres qu'ils roulent se rangent d'elles-mêmes en lignes parallèles et parfois dans des directions perpendiculaires aux ravines des torrents à sec. Mais que M. Van de Velde veuille bien remarquer que ce n'est pas du tout dans cette plaine que j'ai signalé les décombres de Sodome. Voici ce que je dis (t. II, p. 71) (nous sommes près du Redjom-el-Mezorhel) : La plage ainsi élargie présente de gros blocs de pierres usés par le temps, au milieu desquels nous reconnaissons bientôt des files régulières, qui ne sont que des arasements de murs antiques. Nous sommes donc certainement au milieu de ruines apparentes et reconnaissables, qui se montrent jusqu'à 2 heures 56 minutes, c'est-à-dire sur une étendue de près de 400 mètres ; seulement en ce moment nous cheminons au nord-nord-ouest..... à notre gauche le Djebel-Sdoum a cessé de former une seule masse, et nous sommes arrivés en face des vastes mamelons, ou mieux des collines qui garnissent la pointe nord de cette montagne, et sur ces mamelons qui ont une superficie fort étendue, paraissent des amas de décombres, indices certains de l'existence en ce point d'une ville très-considérable. Nous contournons exactement le pied de ces décombres, dont il nous est impossible de méconnaître l'origine..... nous marchons toujours au nord-nord-ouest; à 3 heures 7 minutes, nous traversons le lit d'un torrent à sec large de 15 mètres. En ce point les mamelons couverts de ruines sont séparés par une ravine, et ils semblent former deux pâtés distincts, sur lesquels reposent les ruines immenses que les Arabes qui m'accompagnent appellent unanimement Esdoum. Dans la plaine même au-delà du lit du torrent dont je viens de parler, se montrent de nombreuses files de blocs de pierre, restes d'habitations primitives. Nous marchons à l'ouest-nord-ouest, à 3 heures 11 minutes, au point même où les ruines placées dans la plaine cessent de paraître; nous suivons alors constamment cette direction, tandis que le delta sur lequel se trouve notre route, est devenu une vaste plaine toute ravinée, jonchée de gros blocs roulés, et plantée de nombreux mimosas ou seyal.

Je n'abandonnerai pas la question de Sodome et de Zoar sans offrir à M. Van de Velde une démonstration que je n'ai pas encore été en mesure d'ajouter à mes arguments précédents, et que je le remercie de m'avoir suggérée. Quand on a la vérité pour soi, tôt ou tard on finit par trouver tout ce qu'il faut pour renverser l'erreur, et surtout l'erreur systématique. Le témoignage de la Sainte-Ecriture est trop formel pour que M. Van de Velde ose se permettre de le récuser, j'imagine; or, d'après ce témoignage, Sodome et Zoar n'ont pu être qu'à environ une demi-lieue de distance l'une de l'autre. La mer Morte a plus de quatre lieues de largeur, donc si Zoar est sur la rive orientale, Sodome doit y être aussi (je laisse de côté, bien entendu, l'opinion absurde et fantastique qui met Sodome au fond du lac Asphaltite). Réciproquement, si Sodome est sur la rive occidentale, Zoar doit y être aussi. Le nier, je le répète, c'est nier l'autorité de l'Ecriture-Sainte. Ceci posé, voici ce que je lis dans Josèphe (Bell. Jud. Lib. IV, cap. VIII, § 2). Il s'agit de Jéricho. Mais pour que la traduction de ce passage ne paraisse pas suspecte à M. Van de Velde, voici celle de Dindorf (édition Didot, p. 218) : « Quo factum ut urbem desertam offenderint, quæ in planitie sita est, cuique imminet mons nudus ac sterilis longissimus : qui versus Boream Scythopolitarum usque ad terram protenditur, ad Austrum vero usque ad Sodomorum regionem, et fines lacus Asphaltitis. Est autem totus asper et inæqualis, et ob sterilitatem incultus manet. Isti ex adverso opponitur mons qui ad Jordanem situs incipit versus Boream ab Juliade et prorrigitur versus Austrum usque ad Somorron, quæ Petram Arabiæ determinat. In eo est mons qui ferreus dicitur, in longum protensus usque ad Moabitidem. Quæ vero inter duos illos montes interjacet regio, Campus Magnus dicitur, a vico Ginnabri ad lacum usque Asphaltitin pertingens. Est autem longitudo ejus triginta et ducentorum stadiorum, latitudo vero centum et viginti, et medius quidem secatur à Jordane et lacus habet Asphaltitin et Tiberiadis, naturâ contrarios. »

A moins que M. Van de Velde n'affirme qu'il connaît la Judée mieux que ne la connaissait Josèphe, il faudra cette fois qu'il admette que la Sodomitide était à l'extrémité de la chaîne qui longe la côte occidentale de la mer Morte ; c'est là que je l'ai placée. Or, si la Sodomitide était là, Sodome devait être apparemment dans la Sodomitide ; et, ainsi que je l'ai dit, Zoar devait être à une demi-lieue de Sodome. Or, M. Van de Velde, d'accord avec MM. Irby et Mangles, Robinson et Lynch, place Zoar dans la presqu'île d'El-Liçan, à la bouche de l'Ouad de Karak, c'est-à-dire à 6 ou 8 lieues au moins du site de la Sodomitide déterminé par Josèphe. Donc l'opinion de M. Van de Velde est inadmissible, et, malgré toute l'assurance avec laquelle il l'a soutenue jusqu'ici, je l'engage fortement à y renoncer.

P. 119. M. Van de Velde prétend que les Arabes nomment Rhôr la plaine nue et boueuse du sud de la mer Morte, et il se trompe. Cette plaine, c'est la Sabkhah, et le Rhôr, c'est, dans toute la vallée du Jourdain, la portion verdoyante du terrain fertilisé par le passage des eaux.

P. 123. Je regrette beaucoup que M. Van de Velde ne puisse pas « donner une grande valeur aux raisonnements à l'aide desquels je prétends établir que Maïet-Embarrheg est sur l'emplacement de Thamara. » Mais ce que je ne regrette pas, c'est la curieuse hypothèse que notre voyageur se hâte de substituer à la mienne. Ainsi, probablement, dit-il, la ville de Sel était là. Je pense que c'est de la ville de Sel dont parle Strabon qu'il s'agit. Or, dit le géographe, cette ville était bâtie en blocs de sel, et pour la construire là, les habitants auraient dû avoir l'idée extravagante de rejeter la pierre de taille qu'ils avaient sous la main, pour aller à au moins quatre lieues chercher à grand'peine des blocs de sel que la pluie fondrait bien vite ; car il n'est pas probable qu'une ville bâtie en sel eût été de plus longue durée que les blocs qui roulent du Djebel-Sdoum, et que les averses de l'hiver font disparaître assez promptement. Voilà donc une hypothèse que je me permettrai de qualifier de malheureuse pour toutes sortes de raisons. La ville de Sel, Aïr he melah de Josué (xv, 61, 62) était dans la tribu de Juda, et elle est citée avec Engaddi comme se trouvant dans le désert de Juda. Il n'est donc pas possible de placer cette ville à Maïet-Embarrheg et encore moins au Djebel-Sdoum, qui était forcément au-delà de la frontière méridionale de Juda, c'est-à-dire de la montée des Scorpions. Ce qui décide M. Van de Velde à placer là la ville de Sel, c'est la présence d'une source capable d'alimenter une ville. Par la raison contraire (je copie), the cairn at the foot of the Salt mountain, called Um-Zoghal, i do not think myself justified in taking to be ruins of a town or fortification, from the very fact of the absence of water. Robinson, ajoute-t-il, semble ne pas considérer Um-Zoghal comme une ruine.

Pourquoi M. Van de Velde s'est-il dispensé de nous dire ce que sont les blocs taillés du Redjom-el-Mezorrhel? Parce que si ce sont des pierres de taille travaillées de main d'homme, il devient difficile d'expliquer leur accumulation en cet endroit, autrement que je l'ai fait moi-même. Robinson a gardé une prudente réserve, mais moins entière que ne le prétend M. Van de Velde. Ainsi il dit (tom. II, p. 482) : At 6 h. 10, a heap of stones lay betveen us and the shore, called Um-zôghal ; apparently the Tell-el-Msogal of Seetzen. Or, Seetzen n'hésite pas à y voir un amas considérable de pierres de taille, travaillées de main d'homme, et qu'il prend pour le monument connu sous le nom de la statue de sel. Au reste, Robinson a écrit ce nom Omm-Zourhal, ce qui ne signifie absolument rien, tandis que le vrai nom de cette localité est *Redjom-el-Mezorrhel*, c'est-à-dire le monceau de pierres bouleversées, de *Zarhal*, effudit, ejecit.

Enfin, dans cette même page, M. Van de Velde, d'un trait de plume, met à néant les assertions de Josèphe et des autres écrivains qui affirment que l'on pouvait encore de leur temps voir les ruines de Sodome. Ces autres écrivains sont Tacite et Strabon. C'est une simple omission de noms que je répare ici.

P. 124. Je vois avec plaisir que M. Van de Velde n'a pas retrouvé le fameux pilier de sel de M. Lynch, et qu'il n'a rien rencontré qui correspondît à la planche insérée dans le livre du voyageur américain. J'avoue que cela ne m'étonne pas.

P. 134. M. Van de Velde a peur d'être aperçu de loin par des Bédouins en hostilités avec la tribu d'Abou-Daouk, et de les voir tomber sur sa petite bande ; il s'écrie : Where this to take place, waht would become of the protection for which Abû-Dahûk is to pocket 400 piastres ? Ne croirait-on pas, en vérité, que M. Van de Velde a dépensé là une somme monstrueuse ? Calculons un peu : 400 piastres, c'est un peu plus de 80 fr. ; mais prenons la somme ronde et mettons 100 fr. M. Van de Velde avoue sans scrupule qu'il voulait, pour 100 fr., une escorte de guides, composée de deux hommes à pied et de deux cavaliers, pendant huit jours, ce qui fait trente-deux journées d'hommes et seize journées de cheval ; soit, en tout, quarante-huit journées de service, à 2 fr. par jour, sur lesquels chaque individu de l'escorte, homme ou bête, devait se nourrir et protéger M. Van de Velde, en exposant sa propre vie au besoin. Certes, si M. Van de Velde m'accuse souvent d'avoir gâté les Bédouins par mes prodigalités, je ne lui rendrai pas la pareille. Il ne cesse de répéter que les Bédouins sont des voleurs, mais il avouera qu'en cette circonstance c'est réellement lui qui les a exploités sans trop de générosité.

P. 137. M. Van de Velde, arrivé à Bir-Saba, décrit les ruines qu'il trouve dans cette localité. Voici ce qu'il en dit : « Les ruines de la ville sont à dix minutes de distance des puits, au nord-est de ceux-ci et sur une élévation ; mais elles s'étendent aussi au N. N. E. et au N. des puits. Je dis les ruines, mais je m'exprimerais plus correctement en disant les fondations de ruines, parce que les maisons étaient probablement bâties d'un mélange de pierres naturellement rondes et d'argile, lesquelles, dans la suite des siècles, sont revenues à leur premier état, si bien que l'on chercherait en vain maintenant à voir les murs tombés de l'ancienne ville frontière. » Je remercie M. Van de Velde d'avoir si bien décrit les ruines des villes de cette époque. Il a merveilleusement caractérisé les décombres d'Engaddi, de Thamara, de Zoar, de Sodome, de Gomorrhe, etc., etc. A Bir-es-Sebâa, c'était la première fois qu'il voyait des ruines de ce genre ; il me permettra donc de lui affirmer, à mon tour, que s'il retournait maintenant à la pointe nord du Djebel-Sdoum, il serait tout surpris de trouver des ruines immenses, là où il n'a rien voulu voir à son premier passage.

P. 139. M. Van de Velde a une curieuse théorie sur les guides arabes ; ceux que l'on paie bien sont trompeurs à plaisir ; tandis que ceux que l'on paie fort mal sont d'une fidélité et d'une honnêteté exemplaires. C'est ainsi que son guide Saleh, un des Djahalin d'Abou-Daouk, lui inspire la phrase suivante : I have once and again remarked that he never puts me off with false names, when he does not know the right ones. Il paraît que, malheureusement pour moi, j'ai été accompagné de guides de la première catégorie.

P. 148. J'ai dit tout à l'heure que M. Van de Velde avait exploité les Bédouins ; je serais presque tenté de me rétracter, en lisant que, pour reconnaître les bons et incessants services de son guide Saleh, il lui avait promis, au bout du voyage, un bakhchich de 20 piastres, 4 fr. 50 c., ni plus ni moins!!

P. 268. M. Van de Velde parle du Redjom-Louth, et affirme que l'on n'y voit que du gravier. Voici la curieuse note dans laquelle est insérée cette assertion : « M. de Saulcy « calls it a small island, and says he found it « covered « with rubbish » what has that traveller not seen ? We « found the peninsula covered with coarse gravel, like the « shore, but we saw nothing like rubbish. M. de S's gui- « des gave him as the name of this spot « Redjom Looth » « id est, Lot's Cairn. »

Vraiment c'est pitié de voir un homme qui devrait être sérieux écrire de pareilles choses. M. Van de Velde ne semble pas se douter que le niveau de la mer Morte baisse pendant les chaleurs, et que ce qu'il a vu à l'état de presqu'île, devient un îlot pendant la saison des pluies. Je l'inviterai donc à prendre la carte de Zimmerman, et il y trouvera cet îlot, avec la désignation de *Klein-Inseln,* ce qui ne veut pas dire presqu'île, que je sache. Quant aux ruines que M. Van de Velde n'a pas vues, il ne pouvait pas se dispenser de déclarer qu'elles n'existaient pas. Toutefois, je préviens M. Van de Velde qu'il y a bien des années déjà, ces ruines ont été vues; ainsi dans ce siècle même, elles l'ont été, avant moi, par M. de Forbin; avec moi, par mes compagnons de voyage; depuis moi, par MM. de Coubertin, de Voguë et l'abbé Azaïs.

P. 298. M. Van de Velde parle du temple du Garizim comme d'un monument dont la connaissance serait plus que vulgaire. Il fait mieux encore; il raconte que son guide samaritain l'a conduit aux ruines du temple d'abord, puis à celles d'un ancien édifice connu sous le nom de El-Kalat (the castle), monument dont vous pouvez, dit-il, trouver la description dans plusieurs ouvrages. Or, M. Van de Velde, par cette seule énumération des monuments du Garizim, nous porte à croire qu'il n'y a pas mis le pied, car le Temple et El-Qâlâah sont un seul et même monument. Comment donc M. Van de Velde a-t-il la malencontreuse idée de le dédoubler? Il est fâcheux pour un voyageur, d'insérer dans son livre un quiproquo de cette force. Il aurait pu dire que Robinson a vu dans cette ruine une forteresse de Justinien, et que c'est moi qui en en levant soigneusement le plan, y ai retrouvé le temple construit avec l'autorisation d'Alexandre-le-Grand.

P. 304. M. Van de Velde dit que la moderne Akrabah est: the ancient Akrabatène, the capital of the district of that name. Un géographe ne devrait pas écrire des choses pareilles; Akrabatène est bien un nom de province, mais Akrabatène n'a jamais été le nom de la ville d'Akrabim (les scorpions). Pourquoi encore, p. 308 et 320, mentionner les ruines d'Archélaüs? Archélaüs est le nom du prince qui a fondé Archélaïs, et ces deux noms ne peuvent être confondus sans barbarisme.

P. 320 et 324. Notre voyageur pense retrouver l'emplacement d'Archélaïs (et non Archélaüs, comme il le dit), à des ruines qu'il rencontre dans le Rhôr, au nord de Jéricho, et qui se nomment Khashmil-Macherûk (lisez Khachm-el-

Makhrouk, le nez déchiré). La table de Peutinger place en effet Archélaïs dans le Rhôr, à vingt-quatre milles au nord de Jéricho. Mais le nom moderne embarrasse M. Van de Velde, qui se contente d'ajouter : « Si les recherches pos-« térieures prouvent que Archélaüs (lisez Archélaïs) est « devenu Macherûk, je dirai certainement que ce nom est « bien changé. » Que fait-il alors ? Il pense à Machæronte qui, suivant lui, était aussi dans le Rhôr, mais que Josèphe place sur le côté nord-est de la mer Morte. Machæronte, en effet, était une place forte de la Pérée ; il est donc inutile de s'en occuper à propos d'une ruine de la rive droite du Jourdain.

P. 322. M. Van de Velde propose d'identifier Sartabah avec la Sarthan de l'Écriture-Sainte, et, comme il s'agit du verset (I. Rois, VII, 46) dans lequel il est dit que les ornements du temple furent fondus entre Soccouth et Sarthan, dans la plaine du Jourdain, M. Van de Velde s'appuie sur ce que *les savants ont décidé qu'il fallait traduire,* dans ce verset, *le mot biadamah, par à Adamah,* au lieu de : *dans la terre à mouler,* pour chercher cet Adamah fantastique à *Um-Taïl.* Cette hypothèse n'a pas besoin d'être réfutée, car elle croule d'elle-même. Quant à l'identification de Sartabah et de la Sartan biblique, je suis charmé de voir que cette idée ait paru assez juste à M. Van de Velde, pour qu'il ait jugé bon de l'adopter (t. II, p. 145 de mon livre, note 1).

P. 352. M. Van de Velde se glorifie d'avoir découvert le site de Pella, et il aurait raison, s'il était l'auteur de la découverte. Or, en 1817, Irby et Mangles ont visité Tâbakhat-Fahil qui est Pella ; en 1842, Kiepert a admis cette identification dans sa carte de Palestine, que j'ai eu le plaisir d'offrir à M. Van de Velde à son passage à Paris ; et enfin, un drogman attaché à l'auberge Mashulam, pendant mon séjour à Jérusalem, avait traité avec mon compagnon de voyage, M. Gustave de Rothschild, pour le conduire dans le Hauran, et notamment à Tabakhat-Fahil qui, pour ce drogman, s'appelait indifféremment Pella. La découverte de M. Van de Velde, découverte faite d'ailleurs en commun avec MM. Robinson et Smith, est donc un peu trop tardive pour qu'il puisse tant s'en réjouir.

P. 353. A propos de Pella, M. Van de Velde nous fait connaître ce que vaut son érudition historique. Je transcris, de peur d'affaiblir la découverte de notre voyageur : « According to Dapper, Seleucus, king of Syria was the « founder of Pella; but it seems to have been Philip and « Alexandre of Macedon who raised it to the dignity of « a royal residence, bestowing on it the name of the Ma- « cedonian capital. » Pourquoi faut-il que Seleucus Ier, roi de Syrie, fondateur de Pella, n'ait été qu'un héritier d'Alexandre de Macédoine, fils de Philippe, lequel ne posséda jamais un pouce de terrain en ce pays?

P. 395. Dans ma réponse à M. Isambert, j'ai eu le plaisir de faire voir que ce savant, pour me prendre en faute, se récriait contre la possibilité d'admettre l'existence de deux Bethsayda, à très-peu de distance l'une de l'autre, et sur les rives opposées du Jourdain. J'ai montré que, pour trouver cet argument, M. Isambert n'avait eu d'autre peine que celle de me copier. Voici maintenant que M. Van de Velde, l'allié et l'admirateur de M. Isambert, admet résolument ce que celui-ci déclare absurde, c'est-à-dire la possibilité de trouver les deux Bethsayda en question ; cette fois, c'est M. Van de Velde qui désire me prendre en faute. Pourquoi donc ces messieurs ne s'entendent-ils pas mieux, ils ne s'exposeraient pas à tirer ainsi sur leurs troupes. Venons aux deux Bethsayda de M. Van de Velde. La première, appartenant à la Gaulanitide, a été reconnue par M. Éli Smith à Et-Tell, sur la rive Est du Jourdain, auprès de la côte nord du lac de Gennezareth (*auprès* veut dire ici *à 5 kilomètres*, je m'empresse d'en avertir M. Van de Velde). Notre voyageur dit que c'est celle-là que Josèphe appelle Julias. Il ne s'y trouve que des pierres non taillées, indices de constructions à demi sauvages ; mais cela importe peu à M. Van de Velde.

que des pierres non taillées, indices de constructions à demi sauvages ; mais cela importe peu à M. Van de Velde. L'autre était en Galilée, dit notre voyageur, et il n'hésite pas à identifier les ruines du khan Minieh avec celles de la Bethsayda de Galilée.

Voilà déjà qui est bien pour moi. M. Isambert déclare qu'il est absurde de croire à deux Bethsayda, et M. Van de Velde déclare qu'il y en a une en Galilée. Je dois donc beaucoup de reconnaissance à mes deux adversaires, puisqu'ils se chargent de démontrer, chacun pour sa part, que j'ai raison, en cherchant Bethsayda sur la rive galiléenne. Mais poursuivons, et laissons parler M. Van de Velde. « Quant à Caparnaum, la ville frontière entre Zabulon « et Nepthaly, nous pouvons seulement nous attendre à la « trouver sur la côte nord de la mer de Galilée, et, sans au- « cun doute, nous la trouvons dans les ruines de Tell-Hum, « an Arabic name closely allied to the Roman Kafer or Ca- « phar-Nahum. » Examinons un peu ceci. Capharnahum doit être sur la côte nord du lac de Gennezareth, parce qu'il est sur la limite des territoires de Zabulon et de Nephtaly. Très-bien! Mais qui dit à M. Van de Velde que cette limite passe à l'extrémité de la côte occidentale du lac, c'est-à-dire à Tell-Houm? Et puis M. Van de Velde oublie que Kenret, qui a donné son premier nom au lac de Gennezareth, doit bien se trouver quelque part sur les bords de ce lac ; que Kenret était de Néphtaly, et qu'il n'y a pas place pour Kenret entre Tell-Houm et le Jourdain. Enfin, comment M. Van de Velde ose-t-il écrire que l'arabe Tell-Houm est un nom étroitement lié au romain ou latin Kafar ou Caphar-Nahum? En vérité, tout cela est trop fort, et j'appliquerai à M. Van de Velde ses propres paroles : On ne traite pas la géographie biblique avec cette légèreté et cette frivolité.

P. 296. M. Van de Velde cherche ensuite Khorazyn dans une ruine que Richardson et le docteur Keith indiquent comme existant sur la route de Tell-Houm à Safed, qui se nomme Kérâjeh, et qui se rencontre dans une vallée au nord-ouest de Tell-Houm. Cela est très-bien, sans doute ; mais que deviennent alors les assertions suivantes de saint Jérôme : Khorozaïn était une petite place de Galilée, à *deux milles* de Capharnaum, située *in littore maris Gennezareth.* Je voudrais bien savoir comment M. Van de Velde fera pour se débarrasser de ces deux assertions si gênantes, et qui renversent toute sa théorie.

Pourquoi M. Van de Velde, qui a vu Tell-Houm, ne nous parle-t-il pas de ses belles ruines qui en font une ruine de l'époque romaine? Est-ce, par hasard, parce que dans cette contrée il n'y a que Julias qui ait pu prétendre à des monuments de l'importance de ceux qui se voient à Tell-Houm ?

P. 419. Il y a bien longtemps que le nom de Daphné, comme localité syrienne, a été biffé des catalogues par Reland, qui a montré jusqu'à l'évidence qu'au lieu de Δαφνης dans Josèphe, il fallait lire Δαννης. On pouvait croire que le fait qu'à Daphné était un temple du Veau-d'Or, suffisait pour démontrer que c'était Dan qu'il fallait lire. M. Van de Velde ne l'a pas cru, et il a eu la main assez heureuse pour retrouver un Tell-Dufneh, et un ruisseau nommé également Dufneh, à une demi-heure de chemin au sud du Djesr-el-Rhadjar, et en partant de la pointe nord-ouest de la plaine dans laquelle est le lac de Houleh. Dan ne peut être en deux endroits, pas plus que le temple du Veau-d'Or; si l'un est au Tell-el-Qadhi, l'autre y est également ; si l'un est au Tell-Dufneh, l'autre y doit être aussi. Or (p. 420), M. Van de Velde veut bien reconnaître Dan au Tell-el-Qadhi : dès lors, je ne sais plus que penser de son Tell-Dufneh.

P. 423. M. Van de Velde, parlant du Panéïon ou de la grotte de Pan, située à Banias, dit qu'elle semble avoir fait partie du temple de Pan, qui donna son nom à la ville de Panéas. M. Van de Velde paraît ignorer que le temple de Pan, c'était, ici comme ailleurs, une grotte naturelle. A la page suivante, il parle de nouveau du temple de Pan, qui fut renversé par un tremblement de terre, et cette assertion lui suggère encore la même observation. De plus, M. Van de Velde affirme que les inscriptions du Panéïon prouvent que Banias fut bâtie par Philippe le tétrarque, et appelée Cæsarea. Il faut croire que ces inscriptions, qui sont en *ancien grec*, idiome que nous savons peu familier à M. Van de Velde, lui ont été traduites par un officieux peu habile, car elles ne disent pas une syllabe de ce que M. Van de Velde leur fait dire.

J'ai énuméré les passages les plus saillants qui montrent que M. Van de Velde a beaucoup à apprendre. Passons maintenant à ses propres découvertes. Nous n'aurons pas cette fois tout à blâmer, et nous ferons loyalement la part des éloges, quand les éloges seront mérités.

M. Van de Velde a bien voulu admettre ce que le révérend Robinson avait dit le premier, et ce que j'ai répété à satiété, en l'étayant de toutes les preuves qu'il m'a été possible de réunir, à savoir, que les blocs à encadrement, blocs que j'ai désignés sous le nom de salomoniens, avaient été employés par David et par Salomon, et que leur présence dénotait immédiatement la haute antiquité des constructions dans lesquelles ils se trouvaient enclavés. La taille de ces blocs était certainement de pratique phénicienne, car il est dit dans l'Écriture sainte que les tailleurs de pierre employés par Salomon étaient des Djebelim, c'est-à-dire des habitants de Byblos. Et en effet, M. de Voguë a retrouvé dans les ruines de Byblos des fondations composées de blocs de facture salomonienne. Le fait est donc mis hors de doute, et il n'était plus possible de le nier maintenant. Comment se fait-il que M. Van de Velde ait écrit la phrase suivante, en parlant des blocs salomoniens de l'enceinte du Haram-ech-cherif, c'est-à-dire du temple : But you can perceiv at once that they are not lying in their original position (tom I, p. 469). Il y a là très-évidemment une décision de parti pris, suggérée par quelque condescendance que je ne veux pas apprécier. Je dirai seulement que les photographies de M. Salzmann, aujourd'hui sous les yeux des antiquaires, donnent le démenti le plus formel à cette étrange assertion que les blocs salomoniens de l'enceinte du temple ne sont plus à leur place primitive. Le soleil est un dessinateur dont il n'est pas possible d'inculper l'imagination, et cette fois c'est le soleil qui s'est chargé de relever l'erreur de M. Van de Velde.

Ces blocs caractéristiques, M. Van de Velde les a retrouvés au Qalâat-ech-Cheqif, probablement le Belfort des croisades, et il les décrit de manière à dissiper toute espèce d'incertitude : « I recognised in the lower foundations, « these huge colossal stones, roughly hewn on the out-« side, with smooth edges, such as were used only by « the earliest inhabitants of the country. » — Au Qalâat-ech-Cheqif, M. Van de Velde reconnaît les différents appareils superposés ; comment ne s'est-il plus donné la peine de les discerner le long de l'enceinte du temple de Jérusalem ? Des souterrains très-vastes sont percés sous ce château, et l'on regrette vivement que notre explorateur avoue tout simplement qu'il ne les a pas visités, faute de bougies (tom. I, p. 111.)

Ces mêmes blocs primitifs, M. Van de Velde les a retrouvés à Hûnin (t. I, p. 169) ; à Mâasub, ruines très-considérables situées à un quart d'heure d'El-Bassa (tom. I, p. 254) ; au Qalaat-Karn (le château de Montfort pour Schultz, et le castellum regis de M. Van de Velde) (tom. I, p. 258) ; à Mellia (t. I, p. 264) ; à Athlit (t. I, p. 314). Ces observations sont très-importantes, et nous devons savoir gré à M. Van de Velde de les avoir recueillies, lui qui se soucie si peu des monuments antiques.

Reprenons l'itinéraire de M. Van de Velde. Entre Iathir et Kana, notre voyageur revenant de Hûnin à Tyr est conduit par un guide à un quart de lieue du village de Sedakin, auprès d'une masse de rochers où sont sculptées diverses figures et images, que M. Thomson, son compagnon de voyage, croit l'œuvre des Phéniciens. M. Van de Velde avoue qu'il n'y connaît rien, et exprime le regret de n'avoir pu en prendre un croquis; ici on se demande avec étonnement ce qui a empêché le voyageur de le faire (t. I, p. 183). A une heure et demie de Tyr, M. Van de Velde visite en passant le sarcophage antique connu sous le nom de tombeau d'Hiram. Déjà Robinson a donné la description de ce curieux monument, mais en exprimant les doutes qu'il conserve sur l'origine que lui attribue la tradition. M. Van de Velde, si sceptique d'ordinaire, et si grand ennemi de la tradition, s'efforce de démontrer que c'est bien le tombeau du roi de Tyr, ami de Salomon, et il reproche à Robinson son incrédulité au sujet de ce monument (t. I, p. 183).

À sa première course dans le haut pays qui domine au nord la plaine du Bahr-el-Houleh, M. Van de Velde (t. I, p. 169) visite des ruines nommées Hûrah, et le village de Kefr-Kileh; puis du haut de la montagne il aperçoit à ses pieds le Tell d'Abel-beth-Mâakah; nous aurions le droit d'être étonnés de la présence de cette mention sous forme de pure assertion, si nous ne retrouvions plus loin un passage qui concerne les mêmes ruines. C'est dans le tome II, page 428, que nous voyons les ruines d'Abel-beth-Maâkah désignées de nouveau comme existant à Abil, près du pont nommé Djesr-el-Rhadjâr, sur lequel passe la route de Banias; dans ce second passage, les ruines sont indiquées comme portant le nom d'Abil. Pas un mot de plus n'est dit sur cette localité par M. Van de Velde, et on a peine à le concevoir, eu égard à sa célébrité. Du reste, comme il y a dans ce canton deux Abil, Abil-el-Qamh, et Abil-el-Haoua, le révérend Robinson a prudemment laissé dans le doute l'identification d'Abel-beth-Maâkah avec l'une ou l'autre de ces deux localités modernes. Peut-être M. Van de Velde eût-il dû en faire autant.

M. Van de Velde rencontrant ensuite (t. I, p. 170) une localité nommée Aïn-Ata, n'hésite pas à l'identifier avec Beit-Anath de l'Écriture (Josué, XIX, 38). Comme il n'y a absolument aucune analogie, même éloignée, entre ces deux noms, l'hypothèse ne paraît plus que hasardée, et *à priori* inadmissible.

Une des découvertes dont M. Van de Velde s'est le plus glorifié, c'est celle des ruines de Hazor, qu'il pense avoir reconnues dans le haut pays, à l'ouest du Bahr-el-Houleh. Après avoir quitté Kefr-Burrein où il trouve « une ruine « de style juif, peu importante, que les habitants appellent « la synagogue, » M. Van de Velde se dirige sur Tyr, en passant auprès des villages de El-Jish et de Sassa, sans les visiter. Sur son chemin il trouve « les ruines de Hazor, « dont le site était, dit-il, perdu depuis les trois derniers « siècles. Peut-être, fait-il observer, cela tient-il à une « expression inexacte de Josèphe, qui décrit Hazor comme « étant situé devant le lac de Mérom (Bar-el-Houleh). « L'existence des ruines de Haziri, situées au nord-est de « Banias, a encore augmenté la confusion. Celles-ci, visi- « tées par M. Thomson et d'autres voyageurs, ont été prises « par quelques-uns d'entre eux pour la vraie Hazor (t. I, « p. 177 et suiv.). » De Kefr-Burreim on suit une vallée pendant au moins une heure, puis une plaine entourée de montagnes, et que l'on met 25 minutes à traverser. Sur le côté ouest est le village de Remesh, près de l'entrée de trois autres vallées; cette entrée est couverte par une colline sur laquelle sont des ruines nommées Hhurâh ou Hhorah (que M. Van de Velde identifie, avec doute il est vrai, avec la *Horem* de Josué, XIX, 38. Cette identification est effectivement plus que douteuse, à cause de la présence de l'M final du nom hébreu, lettre qui n'a pu tomber, pour être remplacée par une terminaison féminine). Un peu moins d'une demi-heure après Hhurâh, M. Van de Velde arrive à des ruines étendues nommées Hazûr et Haziri, placées sur une pente rapide; de l'autre côté de la route est un village moderne sur une haute colline; un quart d'heure après, notre voyageur entre dans une vallée beaucoup plus sauvage et plus rocailleuse que les vallées qu'il a longées entre Kefr-

Burreim et Remesh. Telle est la situation que M. de Van de Velde attribue résolument à la Hazor biblique ; malheureusement cette situation est en opposition flagrante avec ce que nous savons de cette ville fameuse. D'abord Josèphe nous dit une première fois qu'elle était sur le lac Semechonite (ὑπέρκειται), mais M. Van de Velde prétend que c'est une erreur de l'historien des Juifs. En ce cas celui-ci s'est bien obstiné dans son erreur, puisque dans le livre XIII des antiquités judaïques (v, 7), nous lisons ce qui suit : « Sur ces « entrefaites Jonathas (c'est du frère de Judas Machabée « qu'il s'agit) ayant quitté la Galilée, et les eaux dites de « Gennesar (il avait en effet campé en ce point avec son « armée), se porta sur *la plaine* dite de Hazor (εἰς τὸ καλούμενον « Ἀσὼρ πεδίον), ignorant que l'ennemi s'y trouvait. Les géné- « raux de Démétrius sachant, dès la veille, que Jonathas « allait marcher contre eux, venaient au-devant de lui « avec une armée, *dans la plaine*, après avoir placé « des embuscades dans la montagne. » Les Juifs, après avoir plié d'abord, reprirent l'offensive, battirent les Syriens et les poursuivirent jusqu'à Kades, où était assis leur camp. Le premier livre des Machabées (II, 67) raconte le même fait et parle aussi de la plaine de Hazor, πεδίον Ἀσὼρ. Mais ce qui est plus précis encore, c'est que le verset est ainsi conçu : Et Jonathas et castra ejus applicuerunt ad aquam Gennesar, et ante lucem vigilaverunt in campo Asor. Ainsi il fallut à l'armée de Jonathas si peu de temps pour passer des bords du lac de Genezareth à la plaine de Hazor, qu'il n'est pas possible que cette plaine de Hazor ait jamais été aux environs de la Hazûr retrouvée par M. Van de Velde.

Il est plus que clair, d'après ces récits, que la plaine de Hazor était assez grande pour que deux armées pussent s'y entre-choquer ; par conséquent la Hazûr de M. Van de Velde, établie sur une pente rapide, ayant en face d'elle une haute colline sur laquelle est un village, la Hazûr enfin située au cœur de la montagne, n'a rien à faire absolument avec la Hazor biblique. C'est donc là une découverte à mettre de côté; d'ailleurs, fût-elle réelle, elle ne serait pas neuve, puisque M. Van de Velde lui-même mentionne, toutefois sans nommer personne, d'anciens voyages qui placent Hazor au point même où il pense l'avoir retrouvée (tom. I, p. 179). Ici je me permettrai une remarque qui suffirait, à elle seule, pour renverser toute la théorie de M. Van de Velde. Jonathas vient du sud et marche au nord *et en plaine*. Le camp des Syriens est à Kades; ils marchent au-devant des Juifs *et en plaine*, par conséquent, vers le sud; *la plaine* dans laquelle les deux armées se rencontrent, ne saurait donc être à l'ouest de Kades. M. Van de Velde, qui reproche volontiers aux autres de la légèreté et de la frivolité, devrait bien prêcher d'exemple et se garantir tout le premier de ces défauts, dans ses appréciations géographiques. Il devrait surtout se rappeler qu'on n'arrive jamais à convaincre, en se servant des textes favorables à sa thèse, et en passant sous silence les textes qui la contrarient.

M. Van de Velde mentionne à une demi-heure au sud d'Adloun et à peu de distance de la côte, un cercle de pierres oblongues se tenant debout. Un habitant du pays lui dit que ce sont des hommes qui se moquèrent de Nabi-Zer, et que le prophète a punis en les changeant en pierres, comme cela se reconnaît encore. Croyez-vous que M. Van de Velde se donne la peine d'y aller? Pas le moins du monde. They must therefore be not oblong stones, but statues, dit-il, et cette conclusion lui suffit. Avis aux voyageurs futurs.

Quant à Adloun même, M. Van de Velde dit que les savants l'identifient avec Ornithonpolis, mais qu'il se dispense de prononcer aucune opinion à ce sujet (t. I, p. 202). Cela n'eût pourtant pas été déplacé.

Au-delà de Tibnin, M. Van de Velde a trouvé des ruines très-considérables et très-importantes, avec des caveaux funéraires jadis fermés par des portes de pierre, dont l'une est encore en place. Ces ruines portent le nom de Blât;

mais j'ai peur que ce nom ne soit l'appellation pure et simple *B'lad* d'une ville quelconque, appellation usitée dans le patois syrien. Ce qui est important, c'est que M. Van de Velde constate (p. 246) que les ruines de Blât sont semblables à celles d'Omm-el-Aamid. Ceci, soit dit en passant, ne s'accorde guère avec l'opinion de M. Isambert, qui ne me permettait pas d'avoir vu à Omm-el-Aamid les ruines d'une véritable ville.

M. Van de Velde a recueilli le nom de la vallée auprès de laquelle se trouvent les ruines d'Omm-el-Aamid. C'est Ouad-Hamûl. Un peu plus loin dans la vallée, se trouvent les ruines de Hamûl, que notre voyageur identifie avec Hammon, ville de la tribu d'Aser, mentionnée par Josué; XIX, 28. Malheureusement nous ne pouvons deviner si la forme Hamûl est bien la forme arabe, et, par conséquent, si Hamûl a quelque rapport avec le nom aspiré hébreu Hamoun qui est transcrit d'ordinaire Chammon. Je suis très-disposé à adopter cette identification, si le nom arabe est *Hamoul*, nom identique avec l'hébreu, au changement près du *noun* en *lam*, changement habituel d'ailleurs dans ces contrées.

A la p. 247, M. Van de Velde place au Ras-Nakhûrah un khan, une tour et une fontaine, et je crois qu'il commet ici une confusion, ce khan, cette tour et cette fontaine se trouvant réellement au sommet du Ras-el-Abiadh. Il n'y a au Khan-en-Nakourah, du moins je crois mes souvenirs fidèles, qu'un misérable khan sans importance. Dans tous les cas, je suis parfaitement sûr que les constructions et la source indiquées existent au Ras-el-Abiadh, vu que je m'y suis arrêté forcément quelques heures.

A Mellia, M. Van de Velde apprend de la bouche du scheikh d'un village voisin, nommé Tershiha„ qu'il y a dans le voisinage des figures taillées sur le roc; au lieu d'y aller au plus vite, notre voyageur se contente d'écrire sur son journal la phrase suivante: But those i must leave to the researches of travellers who may came after me (p. 266).

Ceux-ci, je n'en doute pas, en sauront très-grand gré à M. Van de Velde.

Au pied du Carmel (côté du sud-ouest), M. Van de Velde trouve des ruines nommées Jalûn, qu'il identifie, mais dubitativement avec Allon, lieu par lequel passait la limite de Nephtali (Josué XIX, 33). Il eût mieux fait de lire ce qu'il y a réellement, à savoir : *mialoun bisâananim*, c'est-à-dire : du chêne qui est à Sâananim.

M. Van de Velde propose de voir Dimna de Josué (XXI, 35) dans le village de Damoun, près de Saint-Jean-d'Acre. J'avoue que je ne saurais souscrire à cette opinion (p. 266), les deux noms étant de forme trop différente.

M. Van de Velde (t. I, p. 287), signale un peu après Damoun, et à une demi-lieue de chemin à l'ouest, c'est-à-dire à droite de la route qu'il suit pour gagner Kheifa, une vaste colline artificielle, sur laquelle, à ce que lui assure son guide, on voit de vieux puits et des tronçons de colonne. Le nom de cette colline est Tell-Marjani (Tell-Merdjany? le Tell de plaine ou de la prairie). Peut-être, dit-il, devons-nous le prendre pour la Maralla de la tribu de Zabulon, (lisez Merâ'alah). Entre les mots *Merdjani* et *Mérâ'alah*. Il n'y a certainement pas la moindre analogie. Quant au Tell en question, il me paraît hors de doute qu'il n'est autre que le Tell-Kisan que j'ai signalé dans mon voyage, et dont le guide de M. Van de Velde ignorait le nom, ce qui l'a tout naturellement conduit à dire au drogman, que c'était un Tell de la plaine.

Une localité certainement importante à découvrir, était le théâtre du sacrifice d'Elie, au Carmel. M. Van de Velde me paraît l'avoir véritablement retrouvée au point que les Arabes nomment El-Mohhrakah (le lieu d'ustion). Cette fois, il faut le dire, notre voyageur n'a pas repoussé la tradition arabe qu'il me reproche d'avoir quelquefois écoutée, et voici ce qu'il en dit :

P. 321. « Le nom d'El-Mohhrakah semble avoir été pris
« du miracle de la combustion du sacrifice, et les tradi-

« tions des Arabes sont généralement plus dignes de foi,
« que celles des chrétiens habitants du pays, lesquels, pour
« la plupart, répètent ce que les Latins et les Grecs leur
« ont mis dans la tête. » Je suis heureux de voir que notre
voyageur profite, à l'occasion, des traditions qu'il trouve si
déplorablement inutiles, quand il s'agit des faits qu'il conteste.

Un autre point tout aussi important à retrouver pour la
géographie biblique, c'était sans doute Bétulie, que feu le
docteur Schultz a identifiée de manière à satisfaire le roi
des géographes modernes, l'illustre Ritter. Entre Djenin et
Sebastieh, M. Van de Velde rencontre une localité nommée
Dothan ; aussitôt notre voyageur, convaincu à tort qu'il
ne peut avoir existé deux localités de ce nom, tient du
coup Dothan où Joseph fut vendu par ses frères, et Bétulie, qui pour lui devient Sanour. Il est vrai qu'il ne visite pas
cette dernière place, mais peu lui importe ; Sanour, c'est Bétulie. Tout auprès de Sanour, dit M. Van de Velde, se trouvent
les ruines d'un vieux château, sur un roc ; mais ces ruines,
Robinson les déclare de l'époque arabe ; cela ne fait rien à
l'affaire. Sanour est à sept milles romains en deçà de Djenin,
qui est à l'entrée de la région montagneuse ; cela ne fait rien
encore. M. Robinson n'a pas assez soigneusement examiné
la localité pour pouvoir affirmer qu'il ne s'y trouve pas de
vieilles pierres quadrangulaires de l'époque des Juifs ;
donc il peut y en avoir ; donc il y en a ; donc Sanour
est Bétulie. Tel est le raisonnement de notre voyageur.
Ce qui est curieux, c'est que M. Van de Velde qui n'a
pas été à Sanour, déclare que : « D*** Robinson's distant
« view of it deserves no absolute credit. » Que dirons-
nous donc de l'opinion de M. Van de Velde? Ce qui est
encore plus curieux, c'est que notre voyageur rappelle
que l'Ecriture sainte met une fontaine au bas de la forteresse de Bétulie, et qu'au bas de la côte de Sanour il n'y
a pas de fontaine! Bien que M. Van de Velde, qui a rêvé
qu'il y en avait une, conclue de la manière suivante

(p. 368) : « While the valley in which this rocky fortress
« rises, and the fountain at the base of the hill, too closely
« agree with the narrative of the aprocryphal book,
« to leave much doubt with respect to this identification. »

On se rappelle que M. Van de Velde, pour infirmer nos assertions sur les sites de Zoar et de Sodome a écrit et signé qu'il avait pris pour guide le même Abou-Daouk qui m'avait accompagné dans ces deux localités. M. Van de Velde, en écrivant ceci avec un entier abandon, se trompait complétement. J'ai bien peur de trouver la contrepartie de cette erreur, à propos de Bétulie. Feu le docteur Schultz, consul de Prusse à Jérusalem, a reconnu Bétulie et Dothan plus convenablement placés ailleurs, avec leurs noms antiques. Ritter a sanctionné cette découverte importante de son assentiment, et voilà que M. Van de Velde écrit ceci (p. 368) : « Had M. Schultz accompanied me that day
« when i passed Dothan ; he would perhaps have altered
« his ideas respecting his Beit-Ilfa, on the north-east base
« of the mountains of Gilboa, and would no longer have
« identified those ruins with Bethuliah. » Chose étrange ! Le docteur Schultz se trouve précisément à Dothan avec M. Van de Velde, qui n'en a pas dit un seul mot avant, et qui le fait tomber des nues, à point nommé, pour n'en plus parler ensuite. Je le répète, c'est fort étrange ; peut-être du reste M. Van de Velde a-t-il voulu simplement dire qu'il avait avec lui la dissertation du docteur Schultz. Ce qui est sûr, c'est qu'il ne parle plus de ce compagnon de voyage improvisé, et que, pendant tout le reste de la journée, notre voyageur ne prend d'informations qu'auprès de son guide, qui certainement ne connaissait pas mieux le pays et ne parlait pas plus couramment l'arabe que le savant consul. Ce qui rend cette assertion de M. Van de Velde bien plus étrange encore, c'est que le passage de notre voyageur à Dothan est du 6 mars 1852, c'est lui qui nous le dit, et qu'à cette date le pauvre docteur Schultz était enterré depuis plusieurs mois. Voici à ce sujet ce que je lis dans la Revue

orientale, n° 1 de janvier 1852, p. 110 : « Des lettres de « Smyrne donnent la triste nouvelle de la mort du docteur « Schultz, qui a succombé à la suite d'une longue et dou- « loureuse affection de poitrine. » Pour un missionnaire évangélique qui accuse son prochain de se laisser entraîner par son imagination, c'est un peu fort, on en conviendra. Au reste, dans sa lettre du 12 mai, M. Van de Velde parle du docteur Schultz, qu'il qualifie cette fois de : the late prussian consul (t. II, p. 313). Explique cela qui pourra.

Ce qui suit n'est pas moins positif, le docteur Schultz était membre de la Société asiatique de Leipsig, et voici ce que je lis dans le recueil de cette Société (Zeitschrift der deutschen morgenländischen gesellschaft, sechster band, 1852. Lepzig, p. 145), et dans la liste des mutations sur- venues parmi ses membres : und Dr E. G. Schultz, K. Preuss. consul in Jérusalem, St. an 22 octobre 1851. Com- ment le docteur Schultz, mort le 22 octobre 1851, a-t-il pu se promener avec M. Van de Velde le 6 mars 1852 ?

Pour compléter sa découverte, M. Van de Velde retrouve Chobai (χωβά et χωβαί) du livre de Judith (15, 3 et 4) au village de Qabatieh. Dans ce passage il est dit que les Juifs poursuivirent et massacrèrent les Assyriens jusqu'à Chobai. Dans le même livre (4-4), les Juifs envoient mettre en état les places de Jéricho, de Chobai, etc. Certes il ne peut être question cette fois de Qabatieh. Aussi que dit Reland, auquel il faut toujours revenir dans les questions difficiles ? Estne illud *Coabis*, quod in tabulâ Peutingerianâ legitur propè Hierichuntem ? Je ne me charge pas de répondre ; mais j'affirme que Qabatieh ne peut être Choba.

Je ne dirai rien de la voie antique que M. Van de Velde trouve à Dothan, et qui pour lui est une route pavée par les Israélites ; il y a de ces suppositions qui croulent d'elles- mêmes (p. 370).

Arrivé à Sebastieh, M. Van de Velde y est assez mal reçu, grâce à son habitude de trop tenir à quelques piastres, et en conséquence, il quitte au plus vite le village inhospitalier. C'est après avoir conté cette mésaventure, qu'il déclare qu'il ne décrira pas les quelques tronçons de colonne qui existent encore à Sebastieh, d'autres les ayant décrits avant lui. Il eût été plus exact de dire qu'il ne les décrivait pas, parce qu'il ne lui avait pas été permis de les visiter.

Enfin M. Van de Velde arrive à la porte de Jérusalem (p. 452), et il dit avec componction qu'il ne veut pas parler du Bakhchich que lui a demandé la sentinelle turque qui était de garde à la porte de la ville. Si M. Van de Velde veut bien le permettre, nous mettrons cette phrase avec ses assertions sur les promenades faites par lui en compagnie d'Abou-Daouk et du docteur Schultz.

A propos du tombeau d'Absalom (t. I, p. 47), sur l'origine duquel M. Van de Velde garde un entier silence, il dit qu'un voyageur a remarqué que, dans tous les voyages en Palestine, on raconte que pas un Juif ne passe devant le tombeau d'Absalom sans lui jeter une pierre, et que néanmoins on ne peut apercevoir auprès du monument rien qui ressemble à un amas de pierres qui lui auraient été jetées par mépris. Voici maintenant l'observation particulière de notre voyageur : « Il serait difficile d'admettre que *tous* « les Juifs qui passent sur ce chemin soient si mal disposés ; « mais on ne peut nier qu'il n'y ait beaucoup de pierres « grosses et petites amassées contre le monument. » Je me permettrai à mon tour de dire que la photographie donne un démenti formel au voyageur dont M. Van de Velde vient de parler, et commente à merveille ce qu'a vu ce dernier. Il n'est pas possible de méconnaître sur la photographie, et les coups de pierres sur la surface du tombeau, et le tas de pierres de petite dimension, accumulées au bas et au milieu de sa façade antérieure.

Quant aux tombeaux de saint Jacques et de Zacharias, le fils de Barachias, M. Van de Velde les cite sans faire connaître son opinion personnelle, autrement que par cette spécification du Zacharie auquel appartiendrait le monument. Il semble que cette seule spécification nous indique, implicitement il est vrai, que pour M. Van de Velde ces monuments remontent à la plus haute antiquité. Je n'en demande pas plus (p. 471).

M. Van de Velde parlant du village de Beit-Djala (p. 477), situé près de Beit-Lehm, l'identifie résolument avec Zelzah du premier livre de Samuel (x, 2); mais cette identification est par trop risquée. De ce que Selsah était près du tombeau du Rachel, il ne s'ensuit pas du tout que Beit-Djala, qui est sur le revers opposé de la vallée, soit Selsah. D'ailleurs quelle analogie M. Van de Velde trouve-t-il entre les noms de Beit-Djala et Zelzah? Je l'ignore. Du reste notre voyageur tient tant à cette découverte, qu'il y revient encore dans le tome II de son voyage (p. 10).

Je lis à propos des Biar-Daoud situés près de Beit-Lehm une phrase fort bien pensée et que je ne puis me dispenser de reproduire textuellement. « Dr Robinson doubts « the identity of the well, but others think there are no good « grounds for doing so. Alas! there are few points in this « country about which people are agreed; and, what is « much to be lamented, ambition and rivalry have not un-« frequently too much influence in the discovery of new « places and the rejection of an existing opinion. » Bien dit! et je remercie M. Van de Velde de m'avoir prévenu en écrivant cette phrase dont je déplore la vérité.

J'ai mentionné dans mon voyage (t. II, p. 105), une localité ruinée située entre Kermel et Ziph, et dont je n'ai pu obtenir le nom. J'y avais remarqué un puits taillé dans le roc, avec auge prise dans la masse. M. Van de Velde nous donne le nom de cette ruine. C'est El-Maiëh, l'eau! J'ai bien peur que son guide, interrogé près du puits en question, ne lui ait répondu tout simplement, c'est de l'eau (t. II, p. 77).

Nous trouvons quelques pages plus loin la narration fort prolixe de l'entrevue et des négociations de M. Van de Velde avec le scheikh Abou-Daouk. Il est vraiment risible, pour qui connaît ce pays et les hommes qui l'habitent, de lire les forfanteries, inoffensives d'ailleurs, à l'aide desquelles notre voyageur pense qu'il a imposé respect au scheikh des Djahalin. Il est vrai que toutes les paroles héroïques qu'il nous rapporte étaient forcément transmises par son drogman, et, ainsi que je l'ai déjà dit, il n'y en a certainement pas une qui ait été traduite, même mitigée. A qui donc M. Van de Velde espère-t-il faire croire qu'en quittant Abou-Daouk, il lui a dit ceci : « You knew it well, your « head is for mine! » Si le scheikh eût compris le premier mot de cette phrase, il lui eût incontinent tordu le cou, sans scrupule et sans arrière-pensée. La réponse que lui a faite Abou-Daouk est, à ce qu'il dit : El Rasi ; lisez âla rasy, sur ma tête, ce qui est la formule par laquelle on s'engage à avoir soin de quelque chose; ce n'est rien de plus. Et quand, fatigué des lésineries de son visiteur, le scheikh lui dit : Ya allah! (très-probablement suivi de Rouhh!), M. Van de Velde se figure qu'il lui a souhaité d'aller avec Dieu ; ce qui est vrai, c'est que, par ces paroles, le scheikh l'a envoyé au diable, ni plus ni moins. Ah! que M. Van de Velde a raison quand il convient qu'il est fort utile de savoir l'arabe, pour voyager en Syrie! Certainement il ne croyait pas dire si vrai.

M. Van de Velde soutient qu'avant tout il faut, pour dominer ces sauvages, une « *calm firmness.* » J'en demeure d'accord ; mais ce qu'il faut aussi, c'est de la rondeur et de la franchise d'allures ; c'est une humeur ouverte et bienveillante ; c'est de la bonhomie et de la générosité. Avec cette méthode, on est respecté et bien servi par les Arabes. A entendre M. Van de Velde, Abou-Daouk est un bandit que j'ai comblé de cadeaux, et par conséquent gâté. Si je l'ai gâté pour ceux qui entendent payer les services et le dévouement de quatre hommes, pendant huit jours, au prix de 80 fr., je n'en ai pas le moindre souci. Au reste, ce que j'ai payé à Hamdan avait été réglé par le consul de France lui-même, et ce que j'ai payé au scheikh Abou-Daouk a été exactement la même somme, stipulée pour le premier par notre consul. Quant aux cadeaux extraordinaires dont j'ai comblé le scheikh des Djahalin, ils consistent en une petite boîte de pommade pour les yeux, et en un fusil à deux coups que je ne lui ai donné qu'à mon retour à Jérusalem, pour le remercier de ses bons et fidèles services.

M. Van de Velde avait le désir de trouver les ruines de Gérar, et il n'en a pu venir à bout. Il est vrai, dit-il, que le scheikh (Abou-Daouk) me répondit que Gérar lui était inconnu (p. 138). Ceci aurait dû prouver à notre voyageur que ce scheikh n'était pas si pressé d'inventer des ruines à chaque pas, pour m'être agréable.

Je ne suivrai pas M. Van de Velde dans toute la contrée placée au sud de Jérusalem, et que je ne connais pas. Bien que la plupart de ses identifications aient grand besoin d'être contrôlées, j'ai déjà dit et je répète que je ne veux parler que de ce que j'ai vu, à moins qu'il ne se présente quelque assertion tellement invraisemblable, que je me reconnaisse le droit de l'attaquer.

De retour à Jérusalem, M. Van de Velde visite le tombeau des rois et celui des juges. Pour ce dernier, il rapporte, sans la combattre, la tradition qui en fait le sépulcre des membres du Sanhédrin. Il admet donc cette hypothèse. Reste le tombeau des rois, sur lequel je reviendrai un peu plus tard.

Une autre découverte à laquelle M. Van de Velde attache beaucoup de prix, et il a raison, c'est celle des ruines d'Aï, si tant est qu'il l'ait faite. Tell-el-Hedjar, la colline des pierres, est un nom qui a peu de rapport avec le nom d'Aï, et pourtant je ne doute pas un seul instant que celui qui pourra parcourir la contrée, avec la facilité d'interroger les habitants, retrouvera le nom dans leur mémoire, et les ruines elles-mêmes. Le Tell-el-Hedjar ne présente que des ruines très-médiocres. Aussi, M. Van de Velde invoque-t-il le témoignage de Josué (VII, 3), qui dit que c'était une petite forteresse renfermant peu d'habitants (p. 280). Très-bien! mais alors comment concilier ceci avec ce que je lis à la page suivante (281), qu'à la prise de la ville, ses habitants furent massacrés au nombre de 12,000 ! Je doute fort que le Tell-el-Hedjar, tel que nous le décrit M. Van de Velde, ait jamais pu loger 12,000 habitants, et par conséquent que là soit l'Aï de la Bible.

J'augure mieux de la découverte des ruines de Fasaëlis, ville construite par Hérodes le Grand, en souvenir de son frère Fasaël (t. III, p. 318). Auprès de ces ruines qui existent dans le Rhôr au Tell-Fasaël, est une source, l'Aïn-Fasaël, que M. Van de Velde identifie avec le Kérith de l'Écriture. J'ai déjà parlé de cette identification impossible, je n'y reviendrai donc pas. Seulement je prierai incidemment M. Van de Velde de corriger, pour une seconde édition, le nom de *Fasaëlus* qu'il donne à cette ville, au lieu du nom connu Fasaëlis, et qu'il donne aussi au frère d'Hérode. Ce nom n'est pas plus admissible que celui d'Archélaüs pour Archélaïs (p. 308). Ce sont là des barbarismes qu'on ne doit pas laisser dans un livre qui a la prétention d'approcher le plus possible d'un livre scientifique. Il ne faudrait pas non plus écrire des citations comme celles-ci : *M. Sancti. Sacr. fidel. cruc.* lib. III, part. XV, cap. 3, vu qu'il s'agit de Marino Sanudo. Il faut au moins connaître le nom des auteurs dont on invoque le témoignage.

Très-probablement encore, la Thala que M. Van de Velde a visitée (p. 327), est la Thella de Josèphe; mais il aurait dû se contenter de cela, et ne pas chercher dans cette localité la Taanath-Shiloh de Josué (XVI, 6 : lisez Tanat-Selah), de laquelle nous ne savons qu'une chose, c'est qu'elle était sur les frontières de la tribu d'Éphraïm, et à dix milles romains à l'est de Naplouse suivant Eusèbe. Cela s'accorde-t-il avec la position de Thala? La carte de M. Van de Velde nous l'apprendra plus tard.

Dans la même page (327), M. Van de Velde voit, en hésitant un peu il est vrai, dans la localité nommée Atûf, la Tappuach ou En-Tappuach qui était sur les frontières des tribus de Manassé et d'Éphraïm. Il fait bien d'hésiter, car le nom Atouf n'a absolument rien de commun avec le nom arabe Teffah, *les pommes*, *les fruits*, qui est identique avec le nom hébreu, ridiculement transcrit Tappuah, et même Tappuach.

Voici maintenant d'autres identifications sur le compte desquelles M. Van de Velde a raison de conserver des doutes (p. 342). Sur son chemin, il trouve les deux villages de Tamûn et de Tubâs, au nord-ouest d'Atouf, Tamûn à une heure et un quart de distance, et Tubâs à trois quarts d'heure de marche au nord de Tamûn. Tubâs, nous dit-il, a été déjà identifié par d'autres avec la Thebez, où fut tué Abimelekh (Juges, ix, 53 et 54). C'est Robinson qui, le premier, a publié cette identification, et M. Van de Velde eût dû le nommer; quant à Tamûn, c'est lui seul qui propose d'y voir la Thabath des Juges (vii, 22). Je trouve une Tabath, de la tribu de Manassé, mentionnée dans le Livre de Judith, 7, 22. C'est probablement la même que celle du Livre des Juges; mais qui peut chercher le nom de cette Tabath dans le nom moderne Tamoun? A coup sûr ce ne sera pas moi.

Un peu plus loin, M. Van de Velde, en parlant d'Abel-Meholah, dit : « Abel-Meholah may be connected with « Wadi-Maleh, or Melha. Jérôme places it at a distance of « ten Roman miles to the south of Beth-Shean, wish « agrees with the position of Charbet-es-Shûk. This i « give only as a supposition, as my also connecting Tamûn « with Tabath. » Certainement cela ne peut être pris que pour une supposition, et même pour une supposition malheureuse, car le nom Abel-Meholah (de *Houl*, être fort) n'a absolument rien de commun avec le nom de l'Ouad-el-Maleh, ou Mellahah, la vallée du Sel ou Salée.

M. Van de Velde pense avoir retrouvé les ruines de la *Succoth* biblique aux ruines que son guide lui a désignées sous le nom de Sokkout, et c'est là une découverte très-importante. Néanmoins, elle embarrasse fortement et à bon droit son auteur. En effet (je résume sa discussion) si la position qu'il a retrouvée pour Sokkout est parfaitement d'accord avec celle que lui attribue saint Jérôme et avec les passages bibliques (Genèse, XXXIII, 17, et Rois, I. VII, 46), il ne lui semble plus possible d'en dire autant d'autres versets (Josué, XIII, 27, et Juges, VIII, 4, 5), qui lui paraissent mettre Sokkout sur l'autre rive du Jourdain.

D'abord, saint Jérôme dit tout le contraire de ce que lui fait dire M. Van de Velde. Voici ses paroles (ad Genes., 33, 17). Sochoth. Est usque hodiè civitas trans Jordanem hoc vocabulo in parte scythopoleos. Si elle était au-delà du Jourdain pour saint Jérôme, elle ne pouvait être sur la rive droite. Dans Josué (12, 27), Sokkout est une ville de la tribu de Gad, et dans les Rois (6, 46), les ornements du temple sont fondus dans la plaine du Jourdain, entre Sokkout et Sartanah. Concluons : la Sokkout de saint Jérôme et de Josué était certainement dans la tribu de Gad, c'est-à-dire sur la rive gauche du Jourdain, probablement à la hauteur de Scythopolis, ou Beysan. La Sokkout du Livre des Rois doit être une seconde localité du même nom, placée vraisemblablement sur la rive droite, puisque, pour désigner les deux villes entre lesquelles s'étaient établis les fondeurs de Salomon, l'Ecriture dit entre Sokkout et Sartanah. Cette seconde Sokkout, c'est, je le crois très-volontiers, celle que M. Van de Velde a retrouvée. J'aime mieux cette hypothèse que celle qu'adopte M. Van de Velde, d'une répartition sur la rive droite du Jourdain, d'une partie du territoire de Gad. Ce qui lui paraît surtout militer en faveur de cette supposition inadmissible, c'est qu'il croit reconnaître *Beth-Aram*, mentionné dans le même verset de Josué, dans un Tell situé au N.-N.-O. de Sokkout, et portant le nom de Tell-Hamra. Quel rapport M. Van de Velde peut-il trouver entre le nom Beit-Heram, la Maison-Haute et Tell-Hamra, la colline Rouge? Je ne le devine pas. C'est donc là toute une série d'identifications inadmissibles. D'ailleurs, Beit-Heram est une localité qu'Eusèbe et saint Jérôme placent près du Jourdain; ils disent que les Syriens l'appelaient Bethramphta et qu'Hérode lui donna plus tard le nom de Livias. Or, Livias, nous le dirons à M. Van de Velde, était près du mont Feor ou Phogor, près de Machcronte, et par conséquent bien loin du point où M. Van de Velde pense la retrouver.

Voici encore (p. 345) une découverte dont M. Van de Velde se félicite fort, et qui, j'en ai bien peur, n'a pas la valeur que son auteur lui attribue. Le lecteur en jugera. On lit dans l'évangile de saint Jean (III, 23), qu'il baptisait en un endroit où l'eau abondait, nommé Salim et situé près d'Ænon ; quant à Ænon, Eusèbe nous apprend que cette localité était à 8 milles au sud de Scythopolis, près de Salim et du Jourdain. Certes, retrouver Salim était une bonne fortune désirable, et M. Van de Velde n'était pas homme à ne pas faire des efforts pour obtenir cette précieuse conquête. Voici en quoi consistent ceux qu'il a faits. Il rencontre un oualy (ce qu'on appelle un marabout en Algérie); cet oualy s'appelle Scheikh Salem, c'est-à-dire (tombeau) du scheikh Salem. Le problème est résolu. Là était la Salim de l'Evangile. — « Il est vrai, « dit M Van de Velde, dont je cite textuellement les pa- « roles, que le nom d'un oualy n'a rien à faire avec le « nom d'une ville. » — Croyez-vous que cela l'embarrasse? Pas le moins du monde; il a trouvé la solution de la difficulté : l'oualy a été bâti en commémoration d'un scheikh de la ville de Salim, et non pas d'un scheikh qui s'appelait Salem; tant pis pour la langue arabe, si la chose n'est pas possible; que la langue arabe s'arrange comme elle voudra. Au reste, M. Van de Velde, dans l'excursion pendant laquelle il a fait cette belle découverte, était accompagné des savants docteurs Robinson et Eli Smith; il s'est empressé de leur faire part du trait de lumière qui venait de le frapper, à propos de Salim, « who did not, however, « agree with me. » Ceci, je le crois sans peine. Ici, sans s'en douter, M. Van de Velde nous donne un échantillon de la franchise qu'il apporte dans ses relations avec les hommes qu'il trouve sur le même terrain que lui. M. Van de Velde. qui est accompagné de M. Eli Smith, dont il vante l'habitude de la langue arabe (346 et 347), dit dans la même page, à la suite de la phrase anglaise que je viens de traduire : « and as i had not Philip with me, i « was not able to question the natives regarding Ænon « and Salim as i could have wished. » En d'autres termes, M. Van de Velde se défiait de M. Eli Smith, et il avait plus de confiance dans les renseignements obtenus par l'intermédiaire de son drogman. Cela n'est pas très-flatteur pour M. Smith, sans doute, mais à coup sûr ce n'est pas honorable pour M. Van de Velde.

Le site de la Cana de l'Evangile était assez important aussi pour mériter l'attention de notre voyageur. Deux opinions étaient en présence ; toutes deux un peu hypothétiques, je le veux bien, mais dont l'une réunit en sa faveur toutes les probabilités possibles. Malheureusement celle-là a l'inconvénient d'être admise par les catholiques. Elle ne pouvait donc trouver grâce devant M. Van de Velde. En conséquence, il place Cana (p. 405), à Cana-el-Djelil, ruine située à deux heures et quart de marche, au nord de Nazaret, au détriment de Kafr-Kenna qui se trouve, comme le veut l'Evangile, sur la route directe de Nazareth aux rives de la mer de Galilée. Je ne crois pas avoir à revenir ici sur la discussion que j'ai produite ailleurs à ce sujet. Elle a paru assez probante à M. Isambert lui-même, l'adversaire le plus déclaré de tout ce que j'ai dit, pour qu'il ne crût plus possible de se déclarer en faveur de Cana-el-Djelil ; je m'en tiens à cet assentiment, qui, je le crois, me donne gain de cause, ou plutôt donne gain de cause aux voyageurs qui, longtemps avant moi, ont admis l'identification que je n'ai plus eu qu'à appuyer sur de nouvelles preuves.

M. Van de Velde a eu le bonheur, qui m'a été refusé, de visiter Kadès, où l'archéologue, à ce qu'il paraît, trouve un ample sujet d'observations importantes. J'espérais que

notre voyageur prendrait la peine de décrire les monuments qu'il avait sous les yeux ; mais il n'en est malheureusement rien (p. 417). Il se contente d'énumérer des pierres de taille, des tronçons de colonnes, des sarcophages et deux édifices divers, dont l'un lui paraît un temple, et l'autre un mausolée ; puis il ajoute : « But i
« am not archeologist enough to venture to say more
« about it. » Je le regretterais bien plus vivement encore, si mon ami, M. de Bertou, n'avait, bien des années avant le passage de M. Van de Velde, étudié et dessiné les monuments de Kadès, qu'il nous fera bientôt connaître, je l'espère.

Pour avoir fini avec M. Van de Velde, il ne me reste plus qu'à transcrire quelques phrases que je vais extraire de son livre, et qui sont à mon adresse. Je n'y répondrai qu'en très-peu de mots, et encore me respecterai-je assez pour ne pas le faire toujours.

Voici donc ce que je trouve (t. I, p. 395) à propos du livre de madame de Gasparin, livre dont je n'ai point à m'occuper ici, et au mérite duquel je rends l'hommage qui lui est dû : « En comparant son volume avec une série
« d'ouvrages d'autres voyageurs, ce que je remarque, et
« particulièrement dans le dernier (c'est, je pense, le mien
« dont il s'agit ici), c'est qu'ils font l'effet d'un tissu d'im-
« pressions, non pas produites par les lieux eux-mêmes,
« mais conçues en face d'une table à écrire, où l'écrivain
« s'est permis d'abandonner la réalité de la vie, pour les
« régions de la fantaisie ; non pas que je nie complétement
« que les lieux saints peuvent remplir l'esprit d'un voya-
« geur de saintes impressions, mais j'apprends de jour
« en jour mieux que cela n'est généralement pas le cas ;
« et si ce cas se présente, les personnes feront bien de
« s'examiner elles-mêmes, pour voir si certains sentiments
« pieux ne sont pas plutôt des sentiments charnels que
« l'œuvre du Saint-Esprit.

A cette tirade odieusement ridicule je n'ai rien à répondre ; l'avoir reproduite est pour moi bien suffisant. Voici maintenant quelques passages saillants d'une longue note qui ne concerne que mon voyage, et qui occupe les pages 115 et 117 du tome II.

« Le voyage de M. de Saulcy a été publié en France
« sous le titre de, etc. Le public paraît charmé de ses
« pseudo-découvertes. Pour ma part, j'ai scruté les édi-
« tions anglaise et française, espérant y trouver la justi-
« fication de ses conclusions. Ce n'est pas ici le moment
« d'entrer dans des détails sur son livre, car, pour réfuter
« les contradictions, les citations erronées, et les fausses
« hypothèses qui s'y trouvent en nombre, il faudrait faire
« un livre aussi considérable que le sien. Je laisse à ceux
« qui désirent connaître la vérité, le soin de se former une
« opinion. «

Pourquoi donc M. Van de Velde s'obstine-t-il à produire des assertions, toujours, et des preuves, jamais? Quand donc viendra le temps opportun pour confondre mes impostures? La communication à la société archéologique de Palestine, disait : « Attendez mon livre, et vous verrez que M. de Saulcy vous trompe. » Voici le livre venu, et M. Van de Velde dit encore : « Attendez plus tard, ce n'est pas ici le lieu de réfuter les contradictions, les citations erronées et les fausses hypothèses qui fourmillent dans le voyage de M. de Saulcy. » Monsieur Van de Velde, ne réfutez pas tout, puisqu'il y a tant de choses réfutables ; mais, par grâce, prenez la peine de signaler une seule de mes contradictions, une seule de mes citations erronées, une seule de mes fausses hypothèses ; ces trois chefs d'accusation, une fois démontrés, voyez comme je suis de bonne composition, je passerai condamnation sur les autres. De la sorte, vous ne serez pas obligé de faire un livre aussi gros que le mien. Mais, prenez garde ! le public n'est pas dupe de ces insinuations perfides que l'on ne se lasse pas de jeter à la face d'un homme, sans jamais prouver que l'on a le droit d'agir ainsi.

Poursuivons : « D'un tel examen, il sortira l'évidence
« que, quoique M. de Saulcy ait réellement trouvé des
« ruines à la base de la montagne de Sel, les villes de
« Zoar, Sodome et Seboim n'ont jamais pu être où il
« l'imagine.

Je suis très-reconnaissant de l'aveu que fait ici M. Van
de Velde de la réalité des ruines que j'ai trouvées à la base
de la montagne de Sel. Je n'en demandais pas davantage.
Quant au fait que les villes maudites n'ont jamais pu être où
je les place, c'est une autre affaire; M. Van de Velde est fort
loin de l'avoir prouvé, et, qui plus est, je le mets au défi de le
prouver, car, en pareille matière, ses affirmations sont d'autant plus insuffisantes, que nous savons maintenant à quoi
nous en tenir sur leur valeur réelle. Je transcris :

« Malgré cela, si un voyageur suivi de quatre ou cinq
« autres, vient nous dire qu'il a trouvé des ruines dans telle
« ou telle place, son témoignage ne doit pas être rejeté par
« ceux qui n'ont jamais visité les lieux. Il est donc néces-
« saire qu'un autre voyageur apporte son témoignage,
« que l'on puisse oui ou non se fier à ses connaissances.

Ceci est une étrange prétention, on en conviendra, et je
laisse à M. Van de Velde toute la responsabilité de cette
théorie du témoignage humain.

« J'ai donc suivi les traces de M. de Saulcy, sur cette
« même place, avec des Bédouins de la même tribu, appar-
« tenant au même scheikh (pourquoi M. Van de Velde a-
« t-il dit précédemment *avec le même scheikh Abou-Daóuk ?*),
« en un mot, avec des Bédouins accoutumés à rôder sur
« ces localités. J'avais une copie manuscrite de la carte
« de M. de Saulcy ; il m'a donc été impossible de passer
« sans apercevoir les ruines qu'il mentionne. Je les cher-
« chais avec avidité. Il était impossible de les manquer,
« cependant je n'ai rien vu qui confirmât ses assertions,
« et, malgré toutes ses assurances, je suis forcé d'établir
« que sa découverte de Sodome est un pur fruit de son
« imagination. »

A ceci un mot. Je suis trop vieux pour avoir encore l'imagination que me prête M. Van de Velde, et celui-ci a fait, malheureusement pour lui, preuve d'une imagination si active, en se faisant accompagner dans une excursion par un homme mort depuis plusieurs mois, qu'il est mal venu à adresser un reproche pareil à son prochain. J'ai fait voir plus haut que M. Van de Velde n'a pu consacrer cinq minutes à la *recherche avide* dont il arguë. Que penser dès lors de l'assertion de notre voyageur? Mais, patience, d'autres que M. Van de Velde visiteront, s'il plaît à Dieu, ces mêmes localités, et alors il sera rendu justice à chacun de nous deux, selon ses œuvres.

« M. de Saulcy fait appel à ses compagnons de voyage
« pour qu'ils affirment la véracité de ses assertions; j'es-
« père qu'on me permettra de mon côté d'en appeler au
« témoignage de Robinson, de Smith et de leurs prédéces-
« seurs. Certainement, ce qui peut avoir échappé à l'atten-
« tion de ces derniers, ne peut pas avoir échappé aux soi-
« gneuses recherches des voyageurs américains. »

Ici, M. Van de Velde oublie qu'il a constaté dans son livre que la description des lieux donnée par les Américains, est purement fantastique, aussi bien que le dessin produit avec leur récit. Notre voyageur, on le voit, ne devrait parler de contradiction à personne. M. Van de Velde feint de croire que j'ai mentionné des ruines visibles de loin, et il oublie que les ruines dont j'ai signalé l'existence sont identiques avec celles qu'il décrit à propos de Bir-Sebaâ.

« On me demandera donc ce qui peut avoir causé à
« M. de Saulcy de pareilles erreurs. Je crois qu'elles tien-
« nent à sa générosité mal placée envers Abou-Daôuk. D'a-
« près l'échantillon que nous avons donné plus haut
« de sa rapacité, le caractère de ce chef est à peu
« près évident. Abou-Daôuk est de la même nature
« que les autres Bédouins. Montrez-vous désireux de
« trouver dans chaque pierre façonnée par la nature une
« trace d'antiquité, excitez sa cupidité en lui donnant

« continuellement des piastres, dès qu'il vous montre quel-
« que chose qu'il appelle des ruines, il vous en montrera
« tous les quarts d'heure, avec des noms et des noms-pro-
« pres, sinon sur place, dans tous les cas à distance. Ceci
« est cause que dans ces régions des Bédouins, on entend
« parler de tant de noms mentionnés par certains voya-
« geurs, et que d'autres ne peuvent parvenir à retrouver.
« Moi-même, j'ai pris plusieurs fois mes guides Bédouins en
« flagrant délit de mensonge. Le mensonge est pour eux
« le pain quotidien, et rien que les questions pressantes
« suffisent pour arriver à la vérité. »

Autres contradictions. Les guides pris dans la tribu d'Abou-Daôuk par M. Van de Velde étaient si bons et si honnêtes, qu'il ne cesse de vanter leurs qualités et de célébrer leurs louanges; et moi, j'en ai fait des guides détestables, par ma générosité mal placée, générosité qui, je l'affirme sur l'honneur, n'a pas une seule fois été exercée, pour payer à un Bédouin quelconque d'Abou-Daôuk une indication quelconque! Et cet Abou-Daôuk lui-même, si pressé d'inventer des ruines pour mon usage, comment M. Van de Velde oublie-t-il qu'il a raconté plus haut qu'à propos des ruines de Gerar, ce scheikh lui a répondu qu'il n'en connaissait pas de ce nom? Explique cela qui pourra; pour moi, j'y renonce.

Pour abréger, je passe quelques phrases sur l'ignorance générale des Bédouins, ignorance que M. Van de Velde a constatée, et que j'ai niée, à ce qu'il prétend. Comment l'at-il donc constatée lui qui n'entend pas le premier mot d'arabe? Est-ce par l'intermédiaire des drogmans d'ordinaire si érudits?

Je reprends. « Les Bédouins ne tiennent qu'aux piastres
« et aux ghazis; est-il donc étonnant que M. de Saulcy,
« après avoir gâté Abou-Daôuk par ses présents conti-
« nuels, ait été trompé par lui? Certainement, l'œil perçant
« de ce chef de voleurs a bien discerné le côté faible du
« voyageur. Dans ces circonstances, la caravane de M. de

« Saulcy se dirigea le long de la montagne de Sel.... le
« Djebel-Usdum des Arabes ; au côté sud-ouest de la Mer-
« Morte un *tas de pierres*, déjà vu et mentionné par Seetzen
« et Robinson, attire l'attention du voyageur français ; il
« en est profondément impressionné ; son imagination s'ex-
« cite, et sous cette impression, il reconnaît dans ces pierres
« une partie des constructions de la ville brûlée. Voici en
« quels termes il s'exprime (suit une citation extraite de
« mon livre). Ici l'enthousiasme obscurcit la compréhen-
« sion de M. de Saulcy. Pour ma part, dit-il... (autre ci-
« tation). Sur ces renseignements d'Abou-Daôuk, M. de
« Saulcy bâtit tout un système des cités. Zoar, c'est ainsi
« qu'il raisonne, ne peut pas être bien loin ; il sait que
« Mangles et Irby, Seetzen et Lynch *ont trouvé* les ruines
« de Zoar, à l'entrée du Wady-Karak, à la baie qui est
« au nord de la péninsule sud-est de la Mer-Morte, mais
« cela est en contradiction avec sa découverte. Ainsi M. de
« Saulcy se met à l'œuvre pour renverser les rapports
« de ces voyageurs, et aussi de la sainte Ecriture, qu'il
« prend cependant la précaution de citer à chaque instant,
« au milieu de tels commentaires, QU'IL LA FAIT PARAITRE
« PLAIDER SA CAUSE A LUI. »

M. Van de Velde me permettra-t-il de prendre acte de cet aveu d'impuissance de sa part ? Comment ! l'Ecriture sainte, citée à chaque instant par moi, est englobée dans de tels commentaires que je la fais paraître plaider ma cause, et vous n'attaquez pas de tels commentaires ! et vous n'en démontrez pas la fausseté ! et vous avouez qu'il paraît que l'Écriture plaide en faveur de ma cause ! Ah ! monsieur Van de Velde, vous avez eu tort de laisser glisser ces phrases-là de votre plume, car elles sont plus probantes contre vous-même, que tout ce que je pourrais écrire ! Poursuivons.

« Entre Wady-er-Rmaïl et Kureiteyn il voit un endroit
« qu'Abou-Daôuk appelle Souq-et-Thaemeh, et il déclare
« de suite que c'est Admah. Il trouve Zeboïm au cœur

« de Moab, et enfin Gomorrah non loin des murs de Jé-
« richo. »

Répondons à ceci. D'abord Souq-et-Thaemeh n'est pas entre l'Ouad-er-Rmaïl et Keriteyn. M. Van de Velde utilise bien mal la carte dont je lui avais permis de prendre un calque, puisqu'il commet une erreur pareille. L'Ouad-et-Thaemeh et le Souq-et-Thaemeh sont bien près de l'Ouad-Zouera, et par conséquent de Zoar. Et puis, qu'y a-t-il donc d'étonnant à ce que je trouve Seboim au cœur de Moab, puisque les ruines que j'appelle Seboim sont celles que M. Van de Velde appelle Zoar? Vous vous récriez sur ce que Seboim est dans la Moabitide, vous qui y mettez forcément Sodome, puisque cette ville était au plus, d'après la Bible, à une demi-lieue de Zoar!!! Et quant à Gomorrhe, à qui M. Van de Velde fera-t-il croire qu'en passant pour ainsi dire au milieu de ces ruines, il n'a pas fait demander à ses Bédouins s'il y avait réellement de ce côté des ruines nommées Kharbet-Goumran? Il n'en dit pas un seul mot, et c'est ce silence calculé et impossible qui l'accuse et qui met en évidence son parti pris. M. Van de Velde le sent si bien, qu'il se hâte d'ajouter ceci :

« Trouvant suffisant d'avoir découvert l'erreur de
« M. de Saulcy pour ce qui regarde Sodome et Zoar, *je ne*
« *me suis pas donné la peine de chercher* les trois autres villes;
« et en effet il est inutile d'entreprendre un voyage aussi
« difficile, et aussi dangereux que celui de la Mer-Morte,
« pour s'apercevoir *de l'absurdité* sur laquelle M. de Saulcy
« base la découverte des villes de la Pentapole. »

Pour Gomorrhe, je viens de le dire, le voyage était tout fait; M. Van de Velde n'a garde d'en parler. Pourquoi? Espérons qu'il le dira quelque jour. Quant à la dernière phrase, elle ne mérite pas l'honneur d'être relevée.

Telle est toute la savante discussion promise par M. Van de Velde, et de laquelle devait pleinement ressortir l'évidence de mes pseudo-découvertes. J'ai bien peur qu'il n'en ressorte pis que cela pour notre voyageur.

Reste un dernier sujet, sur lequel M. Van de Velde me fait la leçon : c'est celui du tombeau des rois. Quelque dégoût profond que m'inspire cette polémique avec un homme à qui j'ai rendu service, je ne suis pas homme à reculer, ni à lui faire grâce de ses propres paroles. Je transcris donc encore (t. ii, p. 239) :

« D'après les volumes que nous avons déjà cités de
« M. de Saulcy, il paraît qu'il n'accepte pas la positive dé-
« claration de la Bible « dans la cité de David. » Nous
« n'avons pas l'intention d'insérer dans cette narration
« une critique des arguments de M. de Saulcy ; mais il
« peut être utile de diriger l'attention de nos lecteurs sur
« la manière dont il raisonne. »

Non, je n'accepte pas l'expression de la Bible — dans la cité de David — comme représentant exclusivement la forteresse du mont Sion, parce que maint passage de l'Ecriture sainte prouve irrésistiblement le contraire. Mais j'oublie que, pour M. Van de Velde et consorts, les textes bibliques sont respectables quand ils leur donnent raison, et ne sont plus respectés dès qu'ils leur donnent tort. Cette fois encore, M. Van de Velde, qui devait prouver jusqu'à l'évidence que mon opinion n'avait pas le sens commun, juge prudent de décliner la discussion. *Il n'a pas l'intention d'insérer dans sa narration une critique de mes arguments.* Ceci est fâcheux pour lui, car il est admis par tout le monde que ce système d'argumentation est pitoyable et qu'il montre le néant des raisons qu'on voudrait opposer au système que l'on attaque.

Certainement il peut être utile de diriger l'attention des lecteurs sur la manière dont je raisonne, mais à la condition que ces lecteurs consentiront à croire que M. Van de Velde est plus qu'eux-mêmes capable de saisir la marche d'un raisonnement ; peut-être quelques-uns y étaient-ils disposés ; je garantis maintenant qu'il n'en restera pas un seul qui ne se récrie sur l'incroyable inintelligence de M. Van de Velde. Copions donc :

« Page 17 du IIe volume de l'édition anglaise, il avance
« que les morceaux de sarcophage si admirablement tail-
« lés, qu'il trouve dans ce qu'on appelle le tombeau des
« rois, seraient d'un grand prix pour le *Louvre de Paris* (sic),
« si toutefois il pouvait être prouvé que ces sépulcres sont
« ce que leur nom indique. »

D'abord, pourquoi M. Van de Velde, qui plus haut prétendait *avoir scruté les éditions française et anglaise* de mon voyage, cite-t-il de préférence la traduction anglaise? Pourquoi ne pas citer textuellement ce que ma propre plume a écrit? Très-probablement parce que M. Van de Velde, bien qu'il en dise, n'a sous la main que l'édition anglaise. Si le contraire était vrai, il eût été bien simple de signaler la concordance entre les deux éditions. Mais ceci est une querelle de détail, passons donc au fond de la question. Je ne comprends pas ce que M. Van de Velde trouve d'exorbitant dans la citation ci-dessus. Il existe au Pirée un sarcophage envahi par la mer, n'offrant pas un seul ornement, mais que la tradition déclare être le sarcophage de Thémistocle. Serais-je donc absurde de dire que ce sarcophage deviendrait une précieuse acquisition pour le Louvre, s'il était une fois bien établi qu'il est réellement le sarcophage de Thémistocle? M. Van de Velde me permettra de n'en rien croire, et de penser que sur ce point il restera tout seul de son avis. Poursuivons.

« Ce que M. de Saulcy est désireux de découvrir, de-
« vient bientôt à ses yeux une certitude morale; ne nous
« étonnons donc pas de lui entendre dire : Après une heure
« de repos, donnée aux délices du moka et du Latakieh, je
« passe à l'encre mes notes topographiques de la matinée,
« et je me complais à ruminer mes trouvailles de l'heu-
« reuse course que je viens de terminer. » (Ceci est extrait de l'édition anglaise, p. 97, et de l'édition française, t. II, p. 188.) »

C'est ici que brille d'un éclat douteux l'intelligence de M. de Van de Velde, ou qu'éclate son mépris pour ses lecteurs, qu'il juge assez simples pour qu'il lui soit permis de leur conter tout ce qui lui passe par la tête. Croit-on, en effet, que le passage cité et que je viens de transcrire, se rattache même de très-loin au tombeau des rois? Pas le moins du monde! Il s'agit de ma course de Jéricho au Jourdain, à la pointe nord de la Mer-Morte, à Gomorrhe et à Nabi-Mousa!!! Reste à savoir si les lecteurs de M. de Van de Velde seront flattés du sans-façon avec lequel il se moque d'eux. Car il n'y a pas de moyen terme; ou bien M. Van de Velde les trompe sciemment, ou bien il ne comprend pas ce qu'il lit. En tout cas sa logique est étrange, on en conviendra. Voici, continue M. Van de Velde, quels sont les arguments en faveur de l'identité des tombes royales :

« D'abord, M. de Saulcy accepte sans condition la véra-
« cité de la tradition chrétienne, tandis qu'il rejette celle
« des natifs (ces derniers placent la tombe de David au
« côté sud du mont Sion). »

1° M. de Saulcy demande à M. Van de Velde, comment les chrétiens, les musulmans et les juifs appellent ce tombeau, et s'il porte parmi eux deux noms différents.

2° M. de Saulcy demande à M. Van de Velde pourquoi Josèphe appelle ce monument les caves royales, et cela de l'aveu de tout le monde.

3° M. de Saulcy demande enfin à M. Van de Velde s'il sait que le pèlerin de Bordeaux place en 333 le tombeau de David à Bethléhem? S'il ne le sait pas, il le prie de l'apprendre, et d'en conclure que les *natifs* qu'il invoque ne sont que les musulmans devenus maîtres de l'église du Cénacle, ou que les juifs, trompés par l'absurde récit de Benjamin de Tudèle.

« Ensuite viennent plusieurs démonstrations pour prou-
« ver ce que ces tombes ne sont pas, démonstrations qui
« pour que nous leur donnions notre confiance, devront
« passer par l'examen et le témoignage des savants, car
« nous avons été amené à soupçonner les citations d'au-

« teurs anciens que fait M. de Saulcy, par les remarques
« de M. Isambert, dans son examen de l'ouvrage de M. de
« Saulcy, dans les bulletins de la Société de Paris. 1853,
« octobre, novembre, etc. »

Répondons froidement à cela, si faire se peut. M. Van de Velde se trompe en me croyant de son école; je ne consentirai jamais à fausser sciemment une citation; c'est dire que j'ai l'horreur et le mépris le plus profonde pour le vice le plus honteux, le mensonge. M. Isambert s'est permis parfois de me reprocher d'avoir altéré des textes anciens, et M. Isambert a été mis par moi en demeure de prouver qu'il disait vrai; j'attendrai longtemps, je crois, qu'il puisse répondre à cette injonction. Une fois, j'en conviens, il m'a justement reproché d'avoir mal consulté l'édition de Seylax de Gail, à propos d'un mot insignifiant que je me suis à tort figuré omis dans cette édition. Voilà à quoi se réduisent toutes les altérations qui me sont reprochées. Il faudra donc que ces messieurs prouvent que j'ai sciemment altéré des textes, ou bien ils porteront la peine de leur assertion perfide. Revenons à M. Van de Velde tout seul. Il n'a probablement pas fait ses humanités, puisqu'il est obligé de s'en rapporter à l'avis d'autrui, pour comparer avec des éditions imprimées, les textes et les traductions que j'ai données? Ceci franchement ne fait pas honneur à l'érudition du voyageur. Passons.

« Finalement il donne tous ses arguments comme con-
« cluant à prouver ce que ces tombeaux sont, c'est-à-dire
« ceux des rois de Juda. Mais ce qui me paraît de la plus
« grande importance, c'est la certitude que la Bible
« veut dire par l'expression *Cité de David*, la montagne
« même de Sion, et non pas la plaine ondoyante et ro-
« cheuse qui est à une bonne distance du mur septentrio-
« nal de la cité. L'auteur glisse sur ce point avec quel-
« ques assertions hardies et insoutenables. »

J'ai prétendu, et je prétends plus que jamais, que le nom *Cité de David*, donné d'abord à la forteresse du mont Sion, que David parvint à enlever aux Jébuséens, fut étendu plus tard à Jérusalem tout entière, ainsi que le prouvent des textes bibliques dont on se garde bien de parler, ainsi que le prouve notamment d'une manière irréfragable le Livre des Machabées. Je n'ai jamais dit que la plaine où sont les Qbour-el-Molouk eût été nommée par extension *Cité de David*. C'est là une niaiserie que M. Van de Velde a tort de m'attribuer. Je glisse sur ce point, dit M. Van de Velde, avec quelques assertions hardies et insoutenables. — Pourquoi vous borner à le dire; il fallait prouver qu'elles étaient hardies et insoutenables. Du reste, revenez-y si vous voulez, monsieur Van de Velde; je vous ai promis de vous faire prompte et bonne justice, et je vous tiendrai parole.

« En lisant les arguments du voyageur, on devra se
« rappeler que les questions et les objections qu'il pro-
« pose, sont les siennes propres et non pas celles du lec-
« teur sans préjugés. Une suite de raisonnements tortillés
« ensemble de cette manière, fait que le lecteur suit insen-
« siblement la hardiesse de l'auteur, et qu'il perd sa liberté
« de jugement; il est, sans le savoir et sans le vouloir,
« entraîné par les idées de l'auteur. »

M. Van de Velde ne pouvait rien écrire qui me fût plus agréable que le passage précédent. Les objections qu'il déclare être les miennes propres, sont celles qui m'ont été opposées dans le sein de l'Académie, par MM. R. Rochette et Quatremère. Si, d'ailleurs, ce ne sont que les miennes, que M. Van de Velde formule les siennes, et je m'engage à les réfuter de façon à le contenter. M. Van de Velde a, sans doute sans y prendre garde, dépeint à merveille la manière dont la conviction se glisse dans l'esprit de l'homme. Puisque la lecture de mon mémoire sur les tombeaux des Rois agit sur ses lecteurs, comme en convient M. Van de Velde, je ne demande rien de plus, et je me tiens pour très-satisfait.

Vient ensuite la citation des versets bibliques relatifs à

l'inhumation des rois de Juda. M. Van de Velde n'a pas eu grand mal à rechercher ces passages que j'ai cités et commentés dans douze pages consécutives (t. II, 244 à 256). Il conclut ainsi :

« Il me paraît d'après ces passages pris d'accord avec
« Samuel, I, 7, et 1 Rois, VIII, 1, que l'on ne peut pas être
« facilement amené à adopter la manière de voir hyperbo-
« lique de M. de Saulcy, et à croire que les tombes en
« question, au nord de la cité, aient jamais contenu les
« restes de David et de ses successeurs. L'Ecriture sainte
« aurait-elle pu s'exprimer d'une manière plus claire que
« dans les passages ci-dessus indiqués, pour désigner la
« place des sépulcres des rois de Juda? Non certes; mal-
« gré cela, l'erreur du voyageur français est si grande,
« qu'il dit lui-même au sujet de l'expression *dans la cité*
« *de Jérusalem* (voyez le sépulcre d'Akhaz) : Il me paraît
« impossible de prendre cette expression à la lettre. (Edit. anglaise, t. 4, p. 176; édit. française, t. 4, p. 252.)

M. Van de Velde, qui paraît se méfier de mes citations, me permettra de lui dire que celle-ci est tronquée, et par conséquent faussée. Voici ce que j'ai dit : quant à ce qu'il fut enterré *dans la ville*, *à Jérusalem*, il ne me paraît pas possible de prendre cette expression au pied de la lettre, puisque personne ne pouvait être inhumé dans la ville. C'est ce dernier membre de phrase qui donnait raison à ma proposition, que M. Van de Velde a jugé bon de supprimer; c'était peut-être prudent, mais ce n'est pas suffisamment loyal. Non, je le répète, personne ne pouvait, d'après la loi mosaïque, être enterré dans l'intérieur d'une ville, et c'est cette raison qui donnera toujours tort à mes adversaires. Voici ce qui termine cette note de M. Van de Velde :

« Ainsi la parole de Dieu doit céder devant les hypo-
« thèses de M. de Saulcy ! Nous sommes heureux de dire
« que M. Quatremère, dans le *Journal des Savants* (vol.
« 1851-1853), a bien montré la valeur que nous devons
« accorder aux découvertes de M. de Saulcy. Je prie mes

« lecteurs, pour être plus au courant de la valeur de cet
« ouvrage, d'examiner les jugements qui ont été pronon-
« cés sur son compte, par cette revue périodique et par la
« Société de géographie de Paris, dont nous avons parlé
« plus haut. »

J'ai répondu aux articles du *Journal des Savants*; j'ai répondu aux articles du *Bulletin de la Société de géographie*. Tout le monde n'est pas dans le cas de M. Van de Velde, et peu de personnes ignorent l'existence de mes réponses. Ces réponses, trop vives parfois, je l'avoue aujourd'hui sans arrière-pensée, ont, je crois, fait voir que les attaques qui m'étaient adressées n'étaient pas justes. Dans tous les cas, elles n'ont pas réussi à me faire abandonner un seul des faits que j'avais énoncés. M. Van de Velde avait donc mieux à faire que de s'appuyer avec tant de confiance sur ces prétendus jugements, dont heureusement il m'était si facile d'appeler. Celui que M. Van de Velde s'est à son tour permis de porter sur la moralité de mon livre, est-il plus respectable ? C'est ce que les lecteurs de ce travail apprécieront. En tout cas, je crois avoir donné un bon exemple à M. Van de Velde : j'ai prouvé que son livre était tout au moins médiocre, avant de le dire hautement ; il eût été plus sage de suivre la même marche à mon égard, et de ne pas se retrancher imperturbablement dans des assertions injurieuses, dont le moindre défaut est de prouver sa malveillance et son ingratitude.

Extrait de la Revue de l'Orient, de l'Algérie et des Colonies,
année 1855.

POST-SCRIPTUM.

(Voir la page 60.)

Mon ami, M. J. de Bertou, me signale à l'instant une bévue qu[e] j'ai commise dans mon examen de l'ouvrage de M. Van de Veld[e] bévue que je déplore d'autant plus sincèrement, qu'elle me fait ajou[-] ter à tort une *erreur volontaire* au catalogue des erreurs de ce gen[re] commises par le jeune missionnaire hollandais. J'ai, en lisant s[on] texte anglais, commis un contre-sens qui m'a conduit à croire qu[e] M. Van de Velde prétendait avoir été accompagné par le docte[ur] Schultz, dans une promenade dont la date se place six mois après [la] mort du même docteur Schultz. Je fais amende honorable sur c[e] point : M. Van de Velde ne dit pas ce que je lui faisais dire. Ce[la] prouve que je ne sais pas l'anglais ; j'en conviens d'autant plus volo[n-] tiers, que je n'ai jamais eu la prétention de savoir ce que je n'ava[is] pas étudié ; mais cela prouve-t-il que M. Van de Velde n'ait jama[is] donné sciemment des entorses à la vérité ? Pas le moins du monde[,] car sa lettre à M. Isambert est là malheureusement pour lui.

F. DE SAULCY.

Paris, 15 juin 1855.

Paris. — Imprimerie de POMMERET et MOREAU, 17, quai des Augustins.

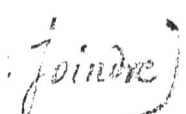

www.ingramcontent.com/pod-product-compliance
Lightning Source LLC
LaVergne TN
LVHW050600090426
835512LV00008B/1263